인문치료총서 10

인문학의 치유 역사

강원대학교 인문과학연구소 (엮음)
엄찬호 최병욱 (지음)

강원대학교 출판부

책머리에

인문학은 근대과학에 대해 그 목적과 가치를 인간적 입장에서 규정하는, 인간과 인류 문화에 관한 모든 정신과학을 통칭하여 일컫는다. 인문학은 고대 그리스에서 교육 혹은 학습이라는 뜻의 '파이데이아'(paideia)에 연원을 두고 있는데, 여기에는 체조, 문법, 수사학, 음악, 수학, 지리학, 자연철학, 철학 등이 포함되어 있었다. 이 말에서 '인간의 본성'이라는 뜻을 가지고 있는 라틴어 '후마니타스'(humanitas)로 발전하였다.

즉 그리스 · 로마 시대에 교양인을 양성하기 위한 일반 교육을 의미하던 인문학은 르네상스 시대에 오면 중세의 신(神) 중심의 부정적 인간관을 극복하고, 고대의 인간관을 다시 계승하면서 인문학은 '교양을 위한 학문', '인간의 정신을 고귀하고 완전하게 하는 학문'으로 주장되었다. 근대에 들어 자연과학, 특히 의학이 비약적인 발전을 거듭했던 반면, 인문학은 인간 마음의 건강과 정신적 안녕(well-being)을 다루는 일에 소홀히 해왔다. 전통적으로 고차적인 인간성의 형성을 위한 인간 지성의 교육적 노력을 의미하는 인문학적 교양으로서의 인문학의 특징은 근대 이후 학문세계에서 자연과학이 주도권을 장악하고, 그에 따라 새로운 질서가 생겨남에 따라 더 이상 고전적인 형식으로 유지될 수 없게 되었다.

인문학은 인간 삶의 의미와 가치에 관한 학문이지만 근현대에 들어서는 분과학문의 체계에 묶여 '인간됨'에 관한 학문이 아니라, '인간'을 분석하는 학문으로 도구화되었다. 현대학문체제가 인문학을 분절적 학문으로 변질시켜, '인간에 대한 파편화'에 갇힘으로써 인문학 내부의 위기를 촉발한 것이다. 인문학의 위기는 인문학의 본래 이념인 인간다운 삶의 고양을 충실히 하는 총체적인 학문이라는 점을 깨닫지 못한 데서 온 것이다.

인문학이 필요한 이유는 논리적인 면에서 필요한 것이 아니라 내가 살아가는 이유를 스스로 생각하게 만들어주는 힘이 바로 인문학에서 나오기 때문에 필요한 것이다. 인문학은 '나는 왜 사는가'에 대한 끊임없는 성찰과 통찰을 담고 있어 인간의 삶에 대한 방향을 제시해 준다. 즉 인문학은 내가 왜 사는지, 그리고 어떻게 살아야 하는지 자기 자신에게 묻는 법을 가르쳐 주는 것이 아니라 스스로 생각하도록 만들고 그 생각을 해결하기 위해 다른 지식들을 융합하는 것이다.

물론 처음에는 그저 흡수하는 것에서 머물지만 시간이 지나고 많은 지식들이 쌓이게 되면 그런 지식들을 융합하게 만드는 것이 바로 인문학이다. 기술 · 경제는 사람이 더 편안하게 살 수 있도록 만드는 것일 뿐이지만 인문학은 궁극적으로 인간이 원하는 행복한 삶에 대한 부분이기 때문에 우리 시대에 인문학이 필요한 이유는 바로 이것에 있다.

사람은 누구나 행복한 삶을 꿈꾼다. 그렇기 때문에 경제학을 배우고 기술을 배워서 물질적인 부를 채우지만, 물질적인 것이 행복한 삶이 아니라는 것이 지난 역사 속에서 증명되었고, 이제는 어떻게 하면 행복한 삶을 누릴 수 있는지 어떻게 하면 행복하게 살 수 있는지 생각할 때가 된 것이다.

인문학은 일찍이 마음의 건강과 삶의 행복을 중심에 놓고 시작되었다고 할 수 있다. 원시인의 주술적 세계관과 생활에서 무의(巫醫)와 주술적 의술, 천두술 등이 생겨났으며, 고대 그리스에서 꽃핀 합리적 사상과 4원소설은 히포크라테스 의학의 모태 구실을 했다. 고대 중국의 음양이론은 한의학의 바탕이 되었으며, 중세의 서양 의학은 기독교 교리를 빼놓고는 이해할 수 없다. 이와 같은 사실에서도 우리는 신화와 철학, 종교학을 포함하는 인문학이 과거에 인간 치유의 바탕을 이루었다는 사실을 확인할 수 있다. 신화를 노래하며 인간의 고통을 신과의 소통으로 풀어 주려던 사제들이나, 신전 앞에서 분장을 한 채 시를 읊고 춤추며 연극하던 예술가들, 그리고 삶의 지혜를 찾아내어 사람들의 고통을 어루만져 얘기해 주던 고대의 철학자들은 당시에 이미 우리 인간들의 마음을 치유하려고 노력했음을 알 수 있다.

인문학이 그 자체로서 치료적 능력을 가지고 있는가에 대한 해답은 인류의 오랜 역사가 제시해 주고 있다. 사실 현재 사회과학으로 분류되는 심리학이 전담하고 있는 심리치료의 출발에도 인문학이 있었다. 그리고 여전히 인문학적 가치는 마음의 병을 치료하는데 중요한 역할을 하고 있다. 긴 역사의 과정에서 인문학은 사람들의 행복한 삶을 위해 노력해 왔으며, 우리는 인문학을 통하여 삶의 지혜를 얻고 위안을 받으며 감동을 느껴 왔다.

인문학을 통해 현대인의 마음과 사회적 병리현상을 치유하고자 하는 '인문치료'는 과거 인문학의 치유역사를 온전히 되살려 인문학이 지니고 있는 고유한 힘을 치유적 차원으로 극대화시켜 인문학의 각 분야들이 지니고 있는 치료적 맹아들을 발굴해 낼 것이다. 인문치료가 현대인들의 정신적 건강과 삶의 행복을 찾게 해 주는 학문이 되기를 기대해 본다.

2013년 5월

엄찬호, 최병욱

| 차 례 |

Ⅲ. 근대: 치유, 인문학에서 멀어지다

I

선사고대: 치유, 인문학에 길을 묻다

1. 원시의 치유와 인문학
2. 동양세계의 치유인문학
3. 서양세계의 치유인문학

Ⅰ. 선사고대: 치유, 인문학에 길을 묻다

1. 원시의 치유와 인문학

모든 동물은 상처가 생기면 혀로 핥는다든가 모래에 문지르거나 물에 씻기도 하며 해로운 것을 잘못 먹으면 토하는 풀을 찾아 뜯어 먹는 등 원초적인 치유행위를 하고 있다. 인류 역시 원시시대부터 본능적인 치유행위를 이어왔고, 여기에서 나아가 질병의 고통에서 벗어나기 위해 서로 도와주는 행위를 하는 의료의 단계로 발전해 왔다.

치유에는 몸과 마음을 낫게 하기 위한 노력이나 건강을 지키려는 노력이 모두 포함된다. 신에게 올리는 기도나 귀신을 쫓는 의식, 마사지, 몸의 특정 기능에 영향을 준다고 알려진 약물을 복용하는 일 등이 여기에 속한다. 치유는 다양한 방법으로 발전해 왔는데, 초기 치유에는 종교, 의학, 마법이 구분할 수 없게 섞여 있었다. 곧 근대적인 의료가 발전하기 이전에는 치유행위의 상당부분이 인문학적인 방법에 의해서 진행되었음을 알 수 있다. 이러한 종류의 치유를 인문학의 치유라 할 수 있을 것이다.

일반적으로 치유란 몸에 이상이 생기지 않게 하거나, 이상이 생겼을 때 치료하고자 노력하는 일을 말한다. 치유는 그저 몸에서 뜨거운 부위를 차갑게 해주는 것과 같은 단순한 행위일 수도 있다. 여기에는 어떤 이론도 필요치 않았으며, 순전히 경험의 축적에 의한 관습적인 행위에 의한 것이었다. 치유는 선사시대 이래로 존재해 왔으며, 의료 이전에는 신비적인 영역, 즉 정령이나 잡신, 조상, 혹은 유일신에 근거하여 시작되었다.

초기의 인류는 질병의 원인을 단지 초자연적인 영향력(정령, 동물의 영 혹은 조상신)으로 생각하였으며, 정신에 문제가 있어 신체가 병이 드는 것으로 생각하는 것이 일반적이었다. 원시인들은 질병에 걸리면 우선은 휴식을 취하고 그래도 차도가 없으면 비로소 질병에 대해 생각을 하게 된다.

따라서 원시사회는 자연물에 영혼이 있다고 생각하는 애니미즘, 특정 동물이나 식물 등을 동일시하는 토테미즘과 무당과 주술의 힘을 믿는 샤머니즘 등의 신앙이 생겨났고 부분적으로는 현재까지도 이어지고 있다. 신석기인들은 자연속의 산, 바다, 나무와 같은 자연물을 포함한 우주만물에 영혼이 있다고 믿는 정령신앙(精靈信仰), 곧 애니미즘(Animism)을 가지고 있었다. 그들은 자연 환경의 변화속에 쉽게 좌우될 수밖에 없는 상황에 처해 있었기 때문에 자연물 각자에 의지를 부여해 그들을 숭배함으로서, 거칠고 험난한 삶에서 재난을 피하려 하거나 풍요를 기원한 것이다.

또 신석기인들은 자연을 사람의 생활과 깊은 관계가 있다고 여겨 어떤 특정한 동물을 자기 씨족의 시조나 수호신으로 생각하고, 이로써 다른 집단과 스스로를 구분하기도 하였다. 이렇게 조상으로 숭배된 동물을 토템이라 하여 이러한 토템숭배사상을 토테미즘

(Totemism)이라고 한다. 우리나라의 신석기인들이 널리 숭배하던 토템은 곰과 호랑이였다.

이와 같은 신석기시대 신앙의 한 측면을 엿볼 수 있는 것으로서 풍요와 다산을 기원하였던 몇 가지 유물을 찾아보면, 우리나라에는 부산 동삼동의 패총에서 가리비조개 위에 두 눈과 입을 파서 사람의 얼굴 모습을 나타낸 것이 출토된 것이 있다. 조개위에 이런 방식으로 얼굴모습을 나타낸 것은 현해탄을 마주보고 있는 일본의 신석기 유적에서도 보이며 이것은 얼굴만이 강조된 일종의 신상으로 여겨지고 있다

이보다 더 구체적으로 얼굴을 조각한 것은 강원도 오산리 유적에서 발견되었는데, 이 오산리 유물은 토기를 만드는데 쓰는 점토 덩어리를 길이 5.1cm크기로 납작하게 눌러 얼굴의 형태로 만든 다음 두 눈과 입은 손가락으로 깊게 눌러 표현하고 있다. 이는 당시 사회의 안녕과 풍요를 기원하는 우리나라 원시신앙 중 가장 오래된 것으로 평가되고 있다.

〈오산리 선사유적 얼굴모습〉

인류는 사회와 문화가 발달함에 따라 원시신앙을 대변하는 신앙의 지도자가 필요하게 되었고, 초기에 그는 정치적인 수장을 겸하기도 하였다. 우리가 종교라고 부르는 것과 주술 또는 마법이라고 부르는 것의 차이는 사람 자체를 믿느냐 또는 사람보다 우월한 힘

의 존재를 믿느냐의 여부에 달려 있는 것이지만, 족장·지도자·학자·무당·주술사 등을 겸하였던 원시의료의 치유자 곧 주술사들은 신내림 상태, 뼈 던지기, 수정구 응시 등의 주술적·미신적 방법을 이용하여 아픈 상태를 진단하고 치유를 행하였다.

근대적인 질병 진단 이전의 아픈 원인에 관한 종교적 내지는 초자연적 관념은 모든 원시민족들에게서 찾아볼 수 있다. 모든 원시인들은 다수의 질병이 금기사항의 위반과 그 같은 일들로 노여움을 산 악령·악마 혹은 신들에 의해서 보내진 것이거나, 또한 질병은 주술의 힘을 지닌 사람, 주술사에 의해 야기된 것이라고 믿었다. 그와 같은 주술사들은 질병을 보내는 일에 위임을 받았거나, 그 사람이 병자나 병자의 가족에 의해 어떤 일로 노엽게 될 경우에도 질병을 보낼 수 있다고 생각한 것이다. 또 일부의 원시인들은 한 체내에 여러 영혼이 존재한다고 믿었으며, 그 중의 어느 영혼이 제거되면 질병에 걸린다고 생각하기도 하였다. 질병의 원인에 대한 초자연적인 관념은 교육을 받지 못한 계층이나 신비한 경험을 한 사람들 또 문명권에서 멀리 떨어진 주변 지역에서는 아직도 사라지지 않고 있다.

주술의 영향력에 의해서 생긴 질병은 역시 주술의 방법으로 진단되어야 한다는 것은 자명한 일이다. 그러므로 원시인들의 진단법에는 역사상 인류가 고안해 낸 많은 의식 가운데 한 가지, 예를 들면 수정점치기와 같은 매개물을 활용한 진단이나 주술자의 접신상태라고 보는 혼수상태의 유발을 이용한 행위가 있다.

처치법 역시 주술의 방식으로 이루어졌던 것이다. 혼수상태에서 자신의 영혼을 분리할 수 있는 능력을 가진 주술자의 영혼이 병자로부터 떠난 영혼을 붙잡을 수 있다고 보았고, 금기사항을 위반했을 때에는 수호신을 달래야만 하였다. 이러한 일은 어디까지나 심리적으로 효과가 있는 고백과 제헌물(祭獻物), 혹은 인위적으로 구토를 유발하거나 설사를 시키고 목욕 내지는 특수한 식이요법과 같은 목욕재계 의식을 통해 행하여지기도 하였다. 이 모든 치료방법은 객관적이든 주관적이든 간에 주문을 중심으로 한 주술적 · 종교적인 의식의 부분이기도 하다.

그러한 치유의 형태는 현재도 일부 원시부족사이에서 행해지는 것을 볼 수 있는데, 예를 들면 주술사와 가족 및 환자의 친구들이 환자의 침상 주변에 모여 밤낮없이 며칠식 계속되는 의식을 진행하는 것이다. 그 의식은 기도와 마법의 주문을 외고 북을 치며 꽃가루 · 깃털 · 터키 옥(玉)과 같은 성스러운 대상물로 환자를 문지르는 등 접촉하는 것으로 이루어진다. 주술사는 병자로 하여금 그의 과거를 이야기하도록 하고 자기 부족의 종교적 내지는 사회적 율법을 위반했던 일들을 고백시켜 일종의 병력을 얻어내려 시도한다. 그러고 나면 수호신, 혹은 마력(魔力)이 주술사에게 아픔의 원인, 예후(진단)와 필요한 요법을 계시한다는 것이다.

따라서 원시 의료에서는 금기를 범했는지의 여부를 물어보는 것, 즉 고백이 최초의 치유였으며, 질병을 예방하기 위해서는 얼굴에 색칠이나 마스크를 하고 춤을 춘다거나, 제사를 지낸 후 최초의 제사 음식을 같이 먹는다든가, 금기를 범하지 않도록 주의하는 등의 행동 외에도 주술적인 특별한 방법, 즉 나쁜 짓을 막거나 행운을 부르는 부적 들을 사용하였다.

원시사회에서 질병과 건강문제를 다루었던 주술사는 종교적, 의료적 행위를 수행하는 원시시대의 공동체에서 몇몇 권위 있는 자리를 차지한 샤먼이나 사람 등을 말한다. 비록 오늘날 우리가 이해하고 있는 바와 같은 과학적 근거는 그들에게 전혀 없었지만, 그들은 자연현상뿐만 아니라 질병에 대해서도 병자들이 이해하기 쉬운 말로 설명하는 능력에 따라 주의 깊게 선발되었다. 주술사는 병자들이 이해할 수 있는 용어로 재앙을 설명하고 그 결과를 처리해 줄 필요가 있었다.

〈캥거루에 창을 던지는 주술사〉

다른 관점에서 보면 주술사의 역할은 의사보다는 법률가에 가까웠다고도 할 수도 있다. 주술사는 부족의 관례를 인정하도록 훈련 받았으며, 따라서 성공적인 주술사가 되기 위해서는 자기 부족의 관습을 분명하게 이해해야 했다. 악마에 대한 관념과 악령에 의해 몸과 마음이 사로잡힌다는 관념은 모든 인류문명에 공통적이고 지속적으로 나타났다.

주술사는 자연현상에 대한 부족의 해석을 이용해 진단을 내렸고, 그러한 해석은 질병이나 불운의 원인을 설명해주었다. 그들의 조언에는 재발을 방지하는 방법, 즉 예방법도 포함되어 있었다. 정령이나 죽은 자의 영혼, 자연의 신을 노엽게 하면 사람들이 징벌을 받는 것이 당연하게 여겨졌으므로 그러한 노여움의 발현은 전문가적인 처리가 요구되었고, 위반에 대한 징벌은 예컨대 병에 걸리는 형태로 나타날 수 있었다. 우리는 아마도 그러한 설명을 과학적인 증명이 불가능하다는 이유를 들어 미신으로 치부하려 하나 이러한 설명은 원시 사회의 신념체계 내에서는 수용될 수 있는 것이었다.

〈굿〉

전 세계 여러 나라에 걸쳐서 매우 다양한 치유사들이 있었지만 그들이 담당했던 역할은 비슷했다. 그중 대부분이 19세기까지 존재했고, 몇몇은 20세기까지도 남아 있었다. 아메리카의 원주민 사회의 주술사, 시베리아의 샤먼, 아프리카의 주술의, 영국의 거머리, 웨일스의 마법사, 우리나라의 무당은 그 지역만의 독특한 치유사로 존재한다.

2. 동양세계의 치유인문학

1) 고대의 질병과 건강관

질병의 어원적 의미

흔히 질병이라고 하면 생물학적 질병을 말한다. 부상, 혹은 바이러스에 의해 감염된 생물학적 질병을 얘기한다. 그러나 세계보건기구에서 정의한 건강에 대한 개념이 신체적 · 정신적 · 사회적 건강이라면 질병 역시 신체적 · 정신적 · 사회적 질병으로 나눌 수 있을 것이다. 그렇다면, 동아시아 고대인들은 '질병(疾病)'을 어떻게 인식했을까?

중국 갑골문 중에는 이미 '질(疾)'자가 있으며, '녁(疒)'과 '시(矢)' 두 부분으로 구성되어 있다. '녁(疒)'의 모양은 병자가 침상에 누워 있는 모습 혹은 어떤 물체에 기대어 있는 모습이다. 『설문해자(說文解字)』에서는 사람이 병에 걸려 침상에 누워 있는 모습과 같다고 했다. '시(矢)'는 깃털이 붙어 있는 화살이다. 따라서 갑골문에 따르면 '질'은 옛날 전쟁에서 화살에 찔려 병상에 의지해야 하는 것을 나타내는 것이다. 『설문해자』에서는 "질은 병을 말한다(疾, 病也)"라고 하였고, "병은 질환이 깊어진 것이다(病, 疾加也)"라고 하였다.

'병(病)'은 형성자로, 녁(疒)이 형태를 병(丙)이 음을 나타낸다. 그 글자의 뜻은 사람이 침상에 있는 것으로 원래 의미는 중병(重病)을 가리켰다. 앞서 『설문해자』에서 풀이했듯이 '질'이 더 중해지면 '병'이라고 했다. 『강희자전(康熙字典)』에서는 질병의 '병(病)'에 대해 다음과 같이 설명하고 있다. 첫째, 『설문해자』에서 풀이한 해설을 그대로 인용하고 있다. 둘째, '병'을 "근심이다(憂也)"라고 하였다. 셋째, "괴로움이다(苦也)"라고 하였다. 넷째, "원통함이다(恨也)"라고 하였다. 다섯째, "욕보임이다(辱也)"라고 하면서, 각각의 해설에 해당하는 고전의 예를 들어 설명하고 있다.

위와 같은 질(疾)과 병(病)의 고증과 해석을 통해 다음과 같은 내용을 알 수 있다.

첫 번째, '질'의 본래의 의미는 사람이 화살에 상처를 입은 것으로 단지 외상만을 가리킨다. 우선 육체에 병이 걸리는 것을 나타내며 주로 신체로 나타난다. '병'은 사람이 침상에 있는 것을 나타내며 원래의 의미는 중병을 가리킨다. 질과 병은 모두 이후 의미상에 변화가 일어나는데, 현재 질은 일반적인 병을 가리키고 병은 중병을 가리킨다. 질병은 각각 말하면 차이가 있지만, 병과 질이 같다고 보면 넓게는 질병을 가리킨다.

두 번째, '질'은 작은 병을 가리키는 것으로 설명된다. 건강하지 않은 상태가 나타났지만 어떤 때는 진정한 의미에서의 질병으로 설명할 수 없다. 질(疾) 역시 빠르게 오고 간다는 의미를 내포하고 있다. 심신의 불균형이 일어났지만 되돌릴 수 있음을 설명하고 있다. 질(疾)의 범위는 매우 넓어서 비교적 가벼운 질병을 제외하고 오늘날 진정한 의미에서의 아건강(亞健康) 상태 즉 되돌릴 수 있는 심신 불균형과 질병의 아임상(亞臨床) 단계를 많이 가리키기도 한다. 세 번째, 병(病)은 큰 병을 가리키며, 오늘날 우리들이 가리키는 질병은 주로 병(病)을 가리킨다고 말할 수 있다.

또한 생물학적 의미로 질병을 가리키는 것 외에도 근심과 괴로움, 원통함과 욕보임이라고 해석하고 있다. 이는 심리적 · 사회적 요인이 병을 일으킨다는 의미가 내포되어 있다. 포괄적으로 보자면, 질병이란 육체적인 질병뿐만 아니라 정신적이고 정서적인 면을 포함하는 마음의 병까지 포함한다고 볼 수 있다. 결국 질병은 생물 · 심리 · 사회적 요인의 다양한 방면과 관련되어 있다고 설명할 수 있다.

그렇다면 이러한 질병을 치료하는 의(醫)의 어원은 무엇인가. 의라는 한자어는 몸속에 박힌 화살 〔의(医)〕 과 창 〔수(殳)〕 에 찔린 상처 그리고 상처를 치료하는 약을 상징하는 술 〔유(酉)〕 의 세 가지 요소로 이루어져 있다. 그런데 상처의 치료는 무(巫)가 대신하기도 했다. 실제로 의(醫)와 의(毉)는 같은 글자로 쓰인다. 이로 보아 예전에는 화살과 창에 찔린 상처를 치료하기 위해 약을 쓰거나 초월적인 존재인 무를 끌어들여 치유했음을 알 수 있다. 이후 자연에서 인간이 독립하면서 초월적 존재에게 의지하는 정도가 점차 줄어들면서 무에서 의로 대체되었다. 결국 의(醫)의 뿌리는 하늘과 땅을 연결시키는 무(巫)에 있었으며 점차 땅에서 나는 약의 비중을 늘여왔던 것이다. 동아시아에서는 『황제내경』이라는 책이 출판되어 대략적인 의(醫)의 기초가 마련되었다.

『황제내경(黃帝內經)』의 건강관

동아시아에서 가장 오래된 의학서이자 현재까지도 한의학에 영향을 미치고 있는 것이 『황제내경』이다. 『황제내경』은 전국(戰國) 시대에서 전한(前漢) 시대의 기간 동안 완성된 것으로 추정되고 있다. 따라서 춘추전국시대 제자백가의 사상적 영향을 받았다. 『황제내경』에서는 건강한 상태를 다음과 같이 정의하고 있다. "음기(陰氣)가 화평하고 양기(陽氣)가 고밀(固密)하면 곧 정신이 다스려진다." 이것은 음양이 조화를 이루어 상대적인 평형을 유지하면 정상적인 생명활동이 진행된다는 뜻이다. 또한, "음양이 평형을 이룸으로써 그 형체를 충실하게 하고 삼부구후(三部九候)의 맥상이 한결같으면 평인(平人)이라 한다"고 하였다.

〈전설상의 황제〉

황제내경 의학에서는 건강이라는 개념 대신 '평(平)'이라는 개념이 나타나고, 건강은 음양의 평형상태로 설명된다. 따라서 평인은 곧 건강한 사람이다. 평인은 음양이 조화롭고 기혈이 화평하여 병이 없이 건강한 정상인을 의미한다. 건강인은 인체 내외의 환경을 잘 조화시켜 인체의 장부와 경락의 정상적인 생리기능을 유지하여 기혈을 조절하고 음양의 균형을 조절한 사람이다.

고대 중국인들도 전통적으로 건강과 질병을 상대적 개념으로 파악하여 건강을 음양의 균형으로, 질병을 불균형으로 인식하였다.

이는 음양 이론에 근거한 것으로 인체를 음양의 상대적 유기체로 파악하고 있음을 보여준다. 음양이 평형을 이루면 정신이 안정되고 음양의 평형이 깨지면 정기가 끊어진다는 표현 속에 황제내경 의학의 건강관이 잘 담겨 있다.

황제내경을 바탕으로 한 동아시아 의학에서의 질병은 인체의 내외적 불균형을 가리킨다. 내적으로는 조직 시스템의 불균형 즉 음양(陰陽), 기혈(氣血), 장부(臟腑) 등의 불균형, 몸과 마음 사이의 불균형을 의미한다. 발병 전 환자의 심신 상태에 중점을 두고, 심리적 · 정신적 요인에 의한 발병 작용을 강조하며, 자연 · 사회 환경이 사람에게 끼치는 영향을 체현함과 동시에 다른 체질의 특징을 강조한다.

『황제내경』「상고천진론(上古天眞論)」편에는 가장 이상적인 건강한 사람을 성인(聖人), 현인(賢人), 진인(眞人), 지인(至人)으로 얘기하고 있다. 이러한 이상적인 인간형은 모두 유가(儒家)와 도가(道家)의 이상적인 인간상들의 모습이라고 할 수 있다. 특히 황제내경에서 말하고 있는 이상적인 인간상은 양생(養生)을 통한 무병장수의 모습이라고 할 것이다.

〈황제내경〉

『황제내경』의 궁극적 목표는

양생을 통한 수명이었는데, 이러한 양생문화는 제자백가의 철학사상의 정수를 흡수한 이후 점차 형성되었다는 점이다. 그 중 도가와 유가사상은 동아시아 의학의 양생문화의 형성과 발전에 매우 중요한 역할을 했다. 양생문화는 수명 연장을 주요 목적으로 삼고 인간과 자연, 인간과 사회의 관계에서 인체의 건강과 질병의 인식을 강조했으며 나아가 정신적 요인의 작용을 중시했다. 예컨대 형신(形神, 형체와 정신)을 동시에 양생하며 신(神)의 양생이 중심이 될 것을 제창하였다.

『황제내경』에서는 '형'과 '신'이 여러 차례 언급된다. '형'과 관련된 개념으로는 형색(形色), 형기(形氣), 형지(形志), 형체(形體), 형견(形見) 등이다. '신'과 관련된 개념은 신기(神氣), 신기(神機), 신장(神臟), 신광(神光) 등이다. 『황제내경』의 형신관계는 '형'을 '신'의 질로 삼는 것 〔형위신지질(形爲神之質)〕과 '신'을 '형'의 주로 삼는 〔신위형지주(神爲形之主)〕 변증관계이다.

'형신합일'을 바탕으로 『황제내경』은 심주신명론(心主神明論)과 오신장(五神臟) 학설을 제기하였다. 『황제내경』「영란비전론(靈蘭秘典論)」편에서 "심(心)은 군주지관(君主之官)으로서 신명(神明)이 여기에서 나옵니다. 폐(肺)는 상전지관(相傳之官)으로서 치절(治節)이 여기에서 나옵니다. 간(肝)은 장군지관(將軍之官)으로서 모려(謀慮)가 여기에서 나옵니다. 쓸개(膽)는 중정지관(中正之官)으로서 결단(決斷)이 여기에서 나옵니다. …… 이상의 열두 장기는 조화를 잃어서는 안 됩니다"라고 하였다. 이러한 얘기는 심신(心神)의 통제 하에서 사람의 심신(心身) 활동이 협조적으로 진행될 수 있다는 것이며, 이것이 바로 "심주신명론(心主神明論)"의 주요 논점이다.

『황제내경』은 심리활동이 각 장부의 기능이라고 보았다. 이것이 '오신장' 학설이다. 『황제내경』에서는 "심(心)은 신(神)을 저장하고, 폐(肺)는 백(魄)을 저장하며, 간(肝)은 혼(魂)을 저장하고, 비(脾)는 의(意)를 저장하며, 신(腎)은 지(志)를 저장하는데, 이를 오장(五臟)이라 한다"고 하였다. 이로 인해 심신(心神)의 주도하에 장부는 정지(精志) 활동의 생리적 기초가 되며 정지 활동은 장부의 생리적 기능의 외재적 표현이 된다. 그래서 『황제내경』은 사람의 형(形)과 신(神)은 통일적이며, 생명운동의 기본모순과 생명존재의 기본특징이라고 생각했다.

유가와 도가를 중심으로 하는 중국 전통문화는 비록 정신건강을 이해하는데 '조화로움(和)'을 각기 다른 관점으로 강조하고 있지만, 그 목적은 모두 몸과 정신의 조화에 근거하고 있으며 개인의 외적 관계 요인을 초탈하는 것이 건강에 결정적인 작용을 한다고 강조하고 있다. 전통시대를 통해 동아시아 정신건강사상은 기본적으로 개인이 사회(유가사상) 및 인간을 통일하여 자연(도가사상)으로 돌아가는 비대립적인 정신건강사상의 융합 과정에서 발전하였다. 양생문화는 내용과 성질이 다른 것들을 폭넓게 수용하였고, 실천적인 시각에서 보면 정신건강 사상에서 '조화로움'의 의미를 더욱 강화하였다.

예를 들어, 『황제내경』에서는 유가의 중용사상인 '조화로움'이라는 개념을 활용하여 이상적인 건강상을 설명하고 있다. 본래 '화

(和)'는 악기 간의 배합과 어울림을 뜻하는 글자로 서로 다른 사물 간에 조화로운 관계를 이룬다는 뜻이다. 『황제내경』은 '조화로움'의 개념을 우리의 몸으로 끌어들여 생명활동을 유지하는 기본 개념으로 활용하고 있으며, 치료의 목적을 '조화로운' 상태의 회복으로 본다던지 나아가 치료 원칙이나 방법 등으로까지 활용한다. '음양화평지인(陰陽和平之人)'은 바로 그러한 조화로움이 완벽한 인간이라고 볼 수 있다.

질병과 마음의 관계

『한비자(韓非子)』나 『관자(管子)』의 다음과 같은 언급들은 고대 동아시아에서 질병과 마음 그리고 몸과의 관계를 어떻게 보았는지 잘 말해준다.

> "근심하면 병이 생긴다. 병이 생기면 지혜가 사그라진다. 지혜가 사그라지면 기준을 잃는다. 기준을 잃으면 멋대로 행동한다. 멋대로 행동하면 재앙과 해로움이 찾아온다. 재앙과 해로움이 찾아오면 안에 병이 생긴다. 안에 병이 생기면 밖으로 고통과 재앙이 닥치고, 밖에 고통과 재앙이 닥치면 장과 위 사이에 병이 생긴다."(『한비자』 해로(解老)」)
>
> "우울이 병을 일으키고, 병이 깊어지면 죽음에 이른다."(『관자』 내업(內業)」)

이들은 모두 질병이 인간의 마음에서 비롯되었다고 보고 있다. 동양의학에서 인체에 깃든 정신은 일반적인 생명의 기능과 사유,

의지 및 인체의 무의식적인 조절기능까지 담당한다. 그러므로 동양문화에서 의료 행위는 단순히 인체에 대한 치료만을 의미하지 않는다.

『황제내경』은 형이상학적 존재론과 자연관을 다루고 있으며, 사회학적 인간론과 개인의 심리적 측면들의 관계에 대해 얘기하고 있다. 『황제내경』에서는 우주의 운행방식과 인간의 신체적 조건들, 그리고 심리적 자극과 반응의 구조가 그 범주는 다를지라도 동일한 시스템을 갖고 있다고 본다. 그러므로 환자를 치료하는 의사는 사람의 신체구조와 함께 자연 세계에 대한 통찰력과 인간과 자연간의 관계에 대해 이해하고 있어야 한다. 동양에서 진정한 의사란 곧 유가에서 말하는 군자다움을 갖추고 있는 사람인 것이다.

동양의학은 사람의 생리를 음양오행의 원리를 근거로 몸 전체가 유기적으로 작용한다고 보고 있다. 경락의 기능으로 나타나는 생리가 유기적으로 균형을 유지하는 상태를 건강하다고 하고, 그 상태가 깨진 것을 병에 걸렸다고 한다. 그 질병의 원인은 몸 바깥에서 비롯된 것일 수도 있고, 몸 안의 것일 수도 있다. 병원체나 환경의 영향으로 인해 인체의 건강이 깨진 것은 몸 바깥에 그 원인이 있는 것이다.

몸 안의 것으로는 우리들이 일상 생활하는 가운데 일어나는 감정이 있다. 감정은 보통 희(喜), 노(怒), 애(哀), 구(懼), 애(愛), 오(惡), 욕(欲) 등의 일곱 가지로 분류된다. 사람의 감정은 기뻐하고 화내고 슬퍼하거나 근심하고 두려워하거나 놀라고 즐거워하고 애착하고 증오하고 욕심을 가진다. 이를 칠정(七情)이라 하며, 건강과 밀접한 관계를 갖고 있다. 이들 감정은 정상적인 생활 속에서는 생리적으로 자신을 보존 보호하는 역할을 담당하면서 해로움이 없다. 하지만 어떠한 계기로 그 정도가 지나치거나 심해진 상태로 오래 지속되면 생리적으로 조절되는 범위를 넘게 되어 생리의 균형과 조화를 깨뜨리고 내상을 일으키게 된다. 어떤 개인이 여러 가지 병의 원인을 가지고 있는데도 생명력이 강하여 생리가 유기적으로 균형을 유지한다면 질병의 상태로 나타나지 않는다. 생명력은 곧 마음의 힘이라 말할 수 있기 때문에 그런 맥락에서 병은 곧 '마음'에서 생겨난다고 말할 수 있다.

동양의학의 질병관은 질병 자체를 다루는 순수과학으로서의 의학이라기보다는 질병과 사람의 마음 모두를 대상으로 한다는 점에서 전인간적 인간학이라고 할 수 있다. 그리고 그러한 생명관은 단지 인간 생명만을 대상으로 한다기보다는 우주만물의 생명력을 중시한다는 점에서 전일적 우주관에 기반한다는 특징을 지닌다. 인간의 질병을 다루고 이를 치유하는 역할을 맡은 이들에게 인문학적 소양과 책임을 묻는 동양의학의 전통이 여기에서 유래한다.

2) 무(巫)와 의(醫)의 분리

중국 한나라 시대에는 한의학이 융성했던 시기였는데, 『황제내경』의 출현이 그러한 사실을 말해준다. 『황제내경』은 중국 고대 전설상의 인물인 황제(黃帝)와 그의 신하인 기백(岐伯)의 의술에 관한 토론을 기록한 것이라고 하나 전국시대에 활약하던 음양가

(陰陽家)의 논리에 맞춰 예전부터 전승되던 것을 모아 엮은 책이다. 대략 한나라 시기에 완성된 것으로 보인다. 이렇게 한의학이 자리 잡았던 한나라 시대의 의학과 이전 시기의 의학을 구별하는 특징으로 의(醫)와 무(巫)의 관계를 들 수 있다. 즉 고대로 올라갈수록 인간의 질병을 의보다는 무에 의존하여 치료를 했던 것이다.

인간에 대한 관심이 점차 대두되던 춘추전국시대 이전에는 신권(神權)이 절대적인 힘을 가지고 있었으며, 모든 삶의 영역에서 신권이 미치지 않은 곳이 없었다. 당시에는 신과 대중을 연결하는 무(巫)가 절대적인 권력을 가지고 있었다. 그리고 국가적인 의식뿐만 아니라 개인적 의료 역시 무가 주관하였다. 의학을 긴 역사적 안목에서 바라보면 상고(上古) 시대에는 무가 의료를 독점하였고 시간이 흐름에 따라서 무와 의가 공존하는 시대가 지속되다가 이후 의가 무를 대체하면서 무와 의는 완전히 분리된다.

무가 질병을 치료하는 대표적인 방법은 바로 기도라고 할 수 있다. 『황제내경』 「이정변기론(移精變氣論)」에는 다음과 같은 글이 나온다. “황제가 말했다. 내가 듣기에 고대에는 질병을 치료할 때 오로지 환자의 정신(精神)과 기기(氣機)를 바꾸는 정도였으니, 주문(呪文:祝由)만으로도 질병을 낫게 할 수 있었다고 들었습니다. 그러나 지금은 질병을 치료할 때 약물로 그 내부를 치료하고 침으로 그 외부를 치료하여도 때로는 낫고 때로는 낫지 않으니 어째서입니까?”

여기서 나오는 주문, 즉 축유란 축설병유(祝說病由)라는 뜻으로 주문을 외어 기도하는 방법으로 질병을 치료하는 방법을 말한다.

황제가 질문한 이 물음에 대해 기백은 "옛 사람들은 욕심으로 정신을 번거롭게 하는 일도 없었고, 명리를 추구하기 위해 형체를 수고롭게 하는 일도 없었으며 외부의 나쁜 기운이 인체에 침입하지 않았기 때문에 다른 치료 없이 환자의 정신을 바꾸고 기기를 변화시키는 주문만으로도 질병을 낫게 할 수가 있었습니다"라고 하였다.

황제와 기백의 대화는 당시와 옛날의 환경이 달랐기 때문에 치료법이 다르다고 한 것이다. 정신과 육체의 조화를 잃고 병의 외적인 요인이 몸 안 깊숙이 침투해 있는 현대인에 비해 환경에 잘 적응하여 정신과 육체를 안정시킨 고대인은 현대인같이 침을 사용할 필요가 없다는 설명이다. 여기에서는 옛 것을 숭상하는 중국인의 상고(尙古) 사상이 나타나고 있지만, 여하튼 『황제내경』이 주장하는 치료법의 타당성을 정당화시키려는 의도가 보인다.

황제와 기백의 대화를 통해서 보면, 황제내경이 저술된 한나라 시기에는 이미 주문을 통한 질병치료가 쇠퇴했다는 것을 미루어 짐작할 수 있다. 따라서 한나라 시대엔 이미 무와 의는 분리되었다고 볼 수 있다.

〈중국 고대의 전설적인 명의, 편작〉

중국 의학의 시조인 편작(扁鵲)은 전국 시대 말기 제나라 사람으로 여러 곳을 두루 돌아다니면서 의료 활동을 한 편력의(遍歷醫)로서 사람들로부터 치유신으로 받들어졌다. 사마천(司

馬遷)은 편작을 빌어 '치료가 곤란한 6가지 병'을 예로 들었는데, 그 하나가 '무당을 믿고 의사를 믿지 않는' 것이다. 이는 샤머니즘에 반대한 사마천의 의학적 입장이라고 볼 수 있다.

편작이 활동했던 시기인 전국 시대에는 이미 경험적 의술을 근거로 하여 새로운 치료법인 침술을 내세운 편력의가 등장하고 있다. 이러한 사실로 미루어 보아 이제 무와 의가 분리되는 시대가 등장했던 것이다. 은주(殷周) 시대 국가의 관료 기구에 편입되었던 샤먼은 춘추전국 시대에 들어가면 질병관의 패러다임 전환과 더불어 지식인에게 비판받았다.

어쨌든 고대에는 국가의 위생 조직으로 축유과(祝由科)가 설치될 정도였으므로 무의가 기도를 통하여 질병을 고치는 것이 보편적인 치료방법이었다. 『상서(尙書)』에도 주(周) 무왕(武王)의 질병을 고치기 위해 주공(周公)이 하늘에 기도하는 내용이 있으며, 『좌전(左傳)』에도 "기도를 잘 한다고 하더라도 어찌 억조창생의 저주를 이길 수 있겠습니까?"라는 글이 보인다.

하(夏) · 상(商) · 주(周), 춘추전국, 그리고 진(秦) · 한(漢)시대를 거치며 질병 치료의 주체가 무에서 의로 바뀌는 과정에는 오랜 세월이 소요되었다. 특히 무도 질병을 치료할 때 기도만이 아니라 약물을 사용했다는 기록이 있는 것으로 보아 무와 의가 혼합된 기간이 길었다고 볼 수 있다. 따라서 의료 주체로서 무와 의의 전환 과정을 어느 한 시대를 중심으로 나누기는 어렵다. 오늘날에도 사람들은 의사가 질병을 치료하지 못하면 무당을 찾지 않는가. 실제로 한의학이 성립한 한나라 이후에도 무의 치료 역할은 이어지고 있었다.

사실 오늘날 정신치료의 입장에서 보면, 상고(上古) 시대의 무의 의료행위는 전통시대 정신치료의 한 부분이라고 볼 수 있다. 즉 일종의 원시적 심리치료방법이 축유술이라고 할 수 있다. 축설병유라는 미신적 방법으로 질병을 치료했는데, 축설이란 귀신의 일과 통하는 것처럼 옷차림을 하고 귀신에게 재난을 면하고 환자의 질병과 고통을 없애도록 기도하는 것이다. 『황제내경』「이정변기론」의 축유 내용은 일종의 정신치료방법을 가리키는 것이다. 『황제내경』「적풍(賊風)」에서는 "고대의 무의들은 각종 질병을 정신력으로 이기는 방법을 알고 있고, 사전에 질병이 발생하는 원인을 파악했으므로 축유법을 사용하여 질병을 치료할 수 있었던 것입니다"라고 얘기하고 있다.

고대 중국에서는 샤먼을 '무(巫)'라고 한다. 샤먼 가운데 의료 행위를 하는 자, 결국 마술사(medicine man)가 '무의'이다. 『한시외전(韓詩外傳)』에 등장하는 상고시대의 의사 제보(第父)가 무의에 해당한다. 즉 "제보라는 의사는 왕골로 돗자리를 만들고, 풀로 개를 만들어 북쪽을 향하여 기도를 드리면서 열 마디를 하였다. 수레에 의지하여 오는 환자는 모두 병이 원래대로 회복되었다"는 것과 같은 정신요법을 시행하였다.

명대(明代)의 의가(醫家) 장경악(張景岳)은 축유를 통한 질병 치료는 일종의 언어 대화식 치료방법으로써 미신적 주문의 특수 치료방법과 구별되며, 주로 의사가 대화로 발병의 원인을 찾아서 심중의 '유령'을 떼어버림으로써 효과를 얻게 되며, 보통 지도하고 권

계하며, 의심을 풀고 바로 잡는 등의 방법을 사용하게 된다고 하였다. 대화요법은 환자의 병태 및 그 심리상태, 감정 장애 등에 맞추어 언어 대화식으로 이치를 설명하여 완화함으로써, 병을 유발한 심리적 요인을 해소하고 바람직하지 않은 정서와 감정 등을 바로 잡는 일종의 정신치료 방법이다. 당대(唐代) 이후로 역대 태의원(太醫院)에는 축유과가 설치되어 의관이 그 업무를 담당하였다.

축유 중에도 미신적 성분과 신비한 색채가 보이는데, 이를 제거하면 현대의 정신 치료와 대체로 비슷하다고 할 수 있다. 과학적인 심리적 방법을 활용하여 질병을 치료한 예도 실제로 존재하고 있다. 『여씨춘추(呂氏春秋)』에 그 이야기가 나온다. 전국 시대 송(宋)나라 사람인 문지(文摯)가 제(齊)나라 민왕(湣王)의 병을 고친 사례이다.

> 제나라 민왕이 두통이 심해 문지를 불렀다. 문지가 태자에게 말했다. "왕의 질병은 나을 수 있지만 그렇게 되면 왕이 저를 죽일 것입니다." 태자가 이유를 묻자, "왕이 분노하지 않으면 병을 낫게 할 수 없습니다. 그러나 왕이 분노하면 저를 죽일 것입니다"고 했다. 태자는 모든 일은 자기가 책임질 것이니 왕의 병을 낫게 해 달라고 했다. 문지는 태자와 약속을 했지만 이후 간다고 하고서는 왕을 세 번이나 찾아오지 않았다. 왕은 분노하였다. 이후 문지가 왕을 찾아와 신발도 벗지 않고 병상에 올라가 왕의 옷을 밟으면서 왕의 병세를 물었다. 왕이 화가 나서 말을 하지 않자 문지는 왕을 자극시키는 말을 하여 더욱 왕을 화나게 하였다. 왕이 크게 소리를 지르면서 일어나자 왕의 병이 나았다.

이른바 '노승사(怒勝思)'로 제나라 왕의 욱질(郁疾)을 치유한 것이다. 의학에서 쓰이는 심리요법의 하나로, 오지상승요법(五志相勝療法)이라고 한다. 질병의 원인이 마음에서 비롯된다는 것에 기초를 두고 있다. 오행설의 상생상극 이론을 응용하는데, 노승사(怒勝思)와 사승공(思勝恐) · 공승희(恐勝喜) · 희승비우(喜勝悲憂) · 비승노(悲勝怒) 등이 있다. 각 환자에게 서로 다른 감정을 자극시켜서 정신적인 문제점을 치유하여 질병을 치료하는 방법이다.

노승사는 노함이 사려나 근심을 이긴다는 말이다. 여기에서 사(思)는 비지(脾志)로써 오행의 토(土)에 속하고, 노(怒)는 간지(肝志)로 오행의 목(木)에 속한다. 곧 노승사란 오행에서 목극토(木克土)의 관계이다. 사승공은 생각이 두려움을 이긴다는 말이다. 여기에서 공(恐)은 신지(腎志)로써 오행의 수(水)에 속하므로, 사승공은 토극수(土克水)의 관계이다. 공승희는 두려움이 기쁨을 이긴다는 말이다. 여기에서 희(喜)는 심지(心志)로써 오행의 화(火)에 속한다. 곧 공승희는 수극화(水克火)의 관계이다. 희승비우는 기쁨이 슬픔 또는 근심을 이긴다는 뜻이다. 비(悲)나 우(憂)는 폐지(肺志)로써 오행의 금(金)에 해당하며, 희승비우는 곧 화극금(火克金)이다. 비승노는 슬픔으로 노함을 이긴다는 뜻으로, 오행으로 말하면 금극목(金克木)의 관계이다.

민지는 민왕에게 분노라는 감정의 움직임을 일으키게 하여, 이것에 의해서 생리적 변화를 유발하여 두통을 치료하고 있는데, 이것은 일종의 정신요법이라고 할 수 있다. 『회남자(淮南子)』「본경훈(本經訓)」에는 "사람의 본성은 침범을 당하면 분노하고, 분노하면 피가 몰리고, 피가 몰리면 기가 격해지고, 기가 격해지면 성을 내고, 성을 내면 원망을 푸는 바가 있다"고 기록하고 있다.

『황제내경』에는 "분노하면 기가 거꾸로 흘러 심하면 피를 토한다.", "양(陽)이 많은 자는 기뻐함이 크고, 음(陰)이 많은 자는 분노함이 크다. 자주 분노하는 자는 쉽게 풀어진다"라고 기록하고 있는데, 특히 분노가 신체에 대해 커다란 생리적 변화를 일으킬 수 있다고 생각했다. 또한 기혈의 막힘에서 병이 온다고 생각하면, 분노는 막힘을 열어 소통시키는 힘이 있다고 생각할 수도 있다. 이처럼 분노는 병을 발생시킴과 동시에 병을 해방시키는 두 가지 의미를 갖게 되는 것이다.

전국시대를 거쳐 완성된 『황제내경』은 이미 오정(五情)과 음양오행학설을 하나로 융합하여 중국 전통 심리치료법인 "음양의 소재를 신중하게 살펴 이를 조리해야 하되, 평형을 이루는 것을 목적으로 해야 합니다"가 나왔다. 이에 이르러 중국 전통심리치료 이론의 형태가 형성되었다. 후한 시기의 명의 장중경(張仲景)은 『상한론(傷寒論)』, 『금궤요략(金匱要略)』 등의 저작에서 심신현상을 임상에 적용하여 임상 변증의 중요 근거로 삼았다. 동시에 심리치료 방법이 임상에서의 효능을 명백히 밝혀내어 임상 중의 적용을 촉진하였다.

전통시대 이래 축유 방법은 동아시아인의 정신치료에 계속 영향을 미친 것은 사실이지만, 한나라 시기에 무가 의에게 의료 주체의 자리를 넘겨주게 되는 것은 동양의학의 역사에서 일대 사건이 아닐 수 없다. 아픈 병자를 축유만으로 하늘이나 조상신에게 맡겨 그

처분만을 기다리다가 이제 인간의 이성과 의지를 통한 질병치료로 전환되었기 때문이었다. 즉 신은 물러나고 그 자리에 인간이 서게 된 것이다. 의료에서 인간 이성이 주인공으로 등장한 것이다. 이렇게 무를 극복하고 의가 주도권을 쥔 한나라 시기에 한의학은 그 토대를 완성하였다. 당시의 의학 이론은 현재까지 한국과 중국, 그리고 일본 전통의학의 뿌리를 이루고 있다.

무의(巫醫)에서 질의(疾醫)로의 이동은 결국 몸에 대한 합리적인 관찰의 결과이다. 몸에 대한 합리적인 관찰이란 인간의 철학적인 사고를 바탕으로 하며, 질의들의 철학적인 사고는 당대의 철학 조류와 함께 한다. 당대의 철학적 고뇌와 판단이 지식 사회를 좌우하게 되고 의학을 연구하는 사람들 역시 그 당대의 철학적 고뇌와 판단을 같이 하기 때문이다.

〈동중서(B.C. 170?-B.C. 120)〉

전국시대 말기의 음양가인 추연(鄒衍)과 한나라 시기의 사상을 주도한 동중서(董仲舒)의 천인상응(天人相應), 음양오행의 인식체계가 의학에 그대로 응용된 것은 바로 이러한 사상적 배경이 있기 때문이었다. 그것은 『황제내경』뿐만이 아니라 『상한론(傷寒論)』, 『난경(難經)』 등 이후의 각종 의경에서도 자연스럽게 드러나게 되는 것이다.

3) 제자백가사상과 정신건강

춘추전국시대에는 종족과 씨족집단의 해체에 따라 집단의 전통적인 속박에서 해방되어 학식과 능력을 통하여 신분상승을 모색하려는 개인의 강렬한 욕구가 곧 왕성한 문화 창조의 의지로 연결되었다. 따라서 그들은 인간운명에 대한 자신감이 넘쳤고, 주술로부터 해방되어 인간과 자연에 대한 합리적인 설명을 시도하였다. 그들은 자연과 사물에 내재한 고유법칙을 확신하였고, 인간이 그 법칙을 인식, 지배함으로써 스스로 운명의 주체가 될 것을 주장하였다.

물론 당시 과학지식의 한계로 많은 부분에 대한 합리적인 설명이 불가능하였고, 그들의 합리성도 경험론의 범주를 크게 벗어나지 못했다. 또한 주술성과 신비적 초월존재에 대한 신앙을 철저히 극복하지 못한 것도 사실이다. 그러나 그들이 도달한 '인간의 발견'과 인간본위의 무신론적인 태도, 사물에 내재한 법칙 · 성질에 대한 합리적인 추구는 이 시대 문화의 성격을 크게 특징짓고 있으며, 그 발전의 기초가 된 것은 명백하다. 이 합리적인 정신은 전통문화의 합리적인 재인식과 모든 지식의 체계적인 정리로 연결되었다. 제자백가(諸子百家) 사상은 이러한 과정에서 등장하였다.

제자백가 사상을 비롯한 동아시아의 전통문화에서는 직접적으로 '정신건강'이라는 말을 제기하지는 않았다. 그러나 이 문화체계에서 정신건강의 '표준'이 없다고 말할 수는 없다. 공자를 대표로 하는 유가문화는 '인(人)'이 어떻게 '성인(成人)'이 되느냐의 문화체계라고 할 수 있다. 이러한 문화에서는 이상적인 인격의 완성이 정신이 건강한 사람을 표현하는 특징이라고 할 수 있다.

선진(先秦) 유가는 이상적 인격의 추구를 중시했는데, 그것의 실질적 표현은 '군자(君子)'로 요약된다고 할 수 있다. 『논어』에는 군자라는 표현이 가장 많은데 101번 나타난다. 유가와는 서로 다르지만 상호 보완하는 도가 문화도 이상적 인격을 '지인(至人)', '진인(眞人)' 등으로 표현하였다. 묵가의 이상 인격은 '박대완인(博大完人)'이다. 겸애와 차별애가 아닌 사랑을 강조한다. 선진 이후에도 다양한 형태로 인격 완성의 인물들을 표현했는데, 사마천의 '협객(俠客)', 위진(魏晉) 시대의 '명사(名士)' 유종원(柳宗元)의 '성인(成人)', 주돈이(周敦頤)의 '인극(人極)', 주희(朱熹)의 '순유(醇儒)' 등으로 언급되었다. 동아시아 전통시대의 이러한 인물들이 자아실현의 사람이라고 할 수 있다. 즉 건전한 인격을 가진 정신건강한 사람을 말한다. 따라서 동아시아 전통문화의 유가와 도가 등을 바탕으로 한 정신건강의 표준을 몇 가지로 정리하면 다음과 같다.

양호한 인간관계의 구비

유가 사상 중에서 '인(仁)'은 기본적인 사상이다. '인(仁)'자는 사람(人)과 숫자 이(二)가 합쳐진 것으로 사람 사이의 관계의 도(道)가 유가의 중요한 내용임을 나타내고 있는 것이다. 또한 유가는 이 학파의 명칭인 유(人+需〈須〉 = 사람에게 필수적인 것)가 시사하듯이, 사람에게 필수적인 것을 가르치고(敎) 배우는 것(學)을 가장 중요시하였다. 『논어』 전체 499절 중 '인'에 대한 논의는 총58회이며,

'인'이란 낱말은 총 105회 나온다.

유가의 기본적 사상인 '인'은 나와 타인과의 관계를 매우 중요시 한다. 그런데 양호한 인간 관계는 반드시 사회적 도리와 부합해야 한다. 때문에 유가문화가 제창하는 '군자'는 기본적으로 도덕이나 인륜법칙과 부합해야 한다. 삼강(三綱)은 군자의 사람됨의 도덕규범이고, 오상(五常)은 군자의 기본 인간관계 행위의 규범이다. 사회심리학의 관점에서 보면 '군자'는 규정된 사회적 역할이 있으며, 반드시 역할의 규범에 따라 처신을 한다.

〈공자(孔子, B.C. 551-479)〉

군자는 '타인을 사랑해야'(愛人)하며, 타인과의 관계에서는 '진실해야'(誠意) 한다. 『맹자』「이루(離婁)」에서는 "인자한 사람은 남을 사랑하고 예를 차리는 사람은 남을 공경한다. 남을 사랑하는 사람은 남들도 항상 그를 사랑하며 남을 공경하는 사람은 남들도 항상 그를 공경한다"라고 하였다. 한 개인이 타인과의 교류 감정의 필요를 느끼지 못한다면, 그는 진정한 사람이 될 수 없다. 유가의 관점에서 보면 개인 스스로 진실되지 못하면 진정한 사람이 될 수 없으며, 만약 그가 인간관계에서 자기의 진실됨을 표시하지 않는다면 인간관계에 영향을 미칠 뿐만 아니라 진실된 자아를 인식할 수 없다.

‘인(仁)’은 인간관계의 준칙으로서 자연적으로 다른 사람도 사람임을 승인하고 자기와 마찬가지로 다른 사람을 사랑해야 함을 요구한다. 맹자가 말하기를, “나의 부모를 존경하듯 남의 부모도 섬기고, 나의 자식을 아끼고 보살피듯, 남의 자식도 사랑하고 거두어준다”고 하였다. 다른 사람에 대한 사랑과 이해가 없다면 양호한 인간관계를 성립할 수 없다.

고대 동아시아 사람들이 제창한 인간관계 중의 ‘충서(忠恕)’, ‘관후(寬厚)’, ‘용인(容忍)’은 타인에 대한 배려와 이해심을 바탕으로 한다. 고대 선현들은 좋은 인간관계의 수립이 사람됨(做人)의 첫 번째 조건이라고 보았다. 인간관계의 실패자는 ‘군자’, ‘인인(仁人)’이 될 수 없다. 이것은 현대 정신건강의 표준과도 일치하는 것이다.

그리고 양호한 인간관계를 위해서는 자기의 언행을 규제할 필요가 있다. 동아시아의 전통문화는 사람과 사람의 화목을 강조하여 개인이 사회관계에서 자아를 표현하고 자기의 언행을 매우 중요하게 생각했다. 사람의 행위 반응에 대한 적응은 현대인이 생각하는 정신건강 척도 중의 하나이다.

예를 들어, ‘인(仁)’이 인간관계와 사회적 행위의 기본적 사상이라면, ‘예(禮)’와 ‘의(義)’ 등은 ‘인’의 외부적 표현방식이라고 할 수 있다. ‘예’는 사람에 대한 공경의 태도와 행위적 방식을 주로 표현한다. 그것은 부자와 군신에 적용되며, 친구에게도 적용될 수 있다. 자녀는 부모에게 “태어나서 그를 예로써 섬기고, 죽으면 예로써 그를 장사지낸다”(『논어』「위정(爲政)」)고 하고, 임금과 신하와의 사이에서 신하는 “임금을 예를 다해 섬기고” “임금은 신하를 예로서 부린다"(『논어』「팔일(八佾)」)고 하였다. 친구 사이에는 "예를 가까이 하고, 치욕을 멀리한다"고 하였다. 인간관계에서 고대 동아시아인들은 예에 의해 처사하며, 예의 규범을 따르고 행동하고자 했다.

공자가 말하기를, "예를 알지 못하면 사람으로서 설 근거가 없게 된다"(『논어』「요왈(堯曰)」)고 하였다. 그는 제자들에게 "예가 아니면 보지도 말고, 예가 아니면 듣지도 말며, 예가 아니면 움직이지도 말아라"(『논어』「안연(顔淵)」)라고 가르쳤다. 설사 좋은 행위라 하더라도 예가 아니면 효과는 좋아질 수 없다는 것이다.

자기를 적당히 규제하는 언행은 신중한 것에서 체현된다. "군자는 말에 대해서는 모자라는 듯이 하려하고, 행동에 대해서는 민첩하려고 한다"(『논어』「이인(里仁)」) 동시에 "말은 신용이 있어야 하고, 행동은 결과가 있어야 한다"(『논어』「자로(子路)」)고 하여 군자는 언행이 일치해야 한다고 했다.

'예'는 군자가 행동으로 도달해야 할 목표일뿐만 아니라 군자가 사람을 대할 때 처신하는 준칙이다. '예'를 통해 스스로 인간관계에서 타인과의 접촉에서 상처를 내지 않고, 서로 좋은 관계를 세울 수 있다. 또한 스스로 정정당당한 사람이 될 수 있다. 자기를 규제하는 언행은 한 방면으로는 스스로 문화적 규범에 준수하게 하고, 사회와 일치를 유지하며, 타인과 조화를 유지할 수 있다. 다른 한편, 알맞게 자아를 수양하여 자기를 사회에서 '세울 수' 있어 '사람'이 되고 '군자'가 될 수 있다. 이것이 바로 고대 동아시아 전통문화에서 정신이 건강한 사람이 지니는 특징 중의 하나이다.

조화로운 삶의 추구

중국 전통철학의 기초는 천인합일(天人合一) 관념이다. 여기에서의 천은 자연의 천, 도덕의리의 천, 본체의 천으로 나눌 수 있는데, 그것을 해석하면 사람과 자연의 조화, 사람과 사회의 조화, 사람과 자아와의 조화로 풀이할 수 있다.

고대 사람들은 사람과 자연의 조화로운 삶을 건강한 모습이라고 생각했다. 도가의 대표적 인물인 장자(莊子)는 사람과 자연의 관계에 대해 깊은 인식을 가지고 있었다. 그는 하백(河伯)과 북해약(北海若)의 대화를 빌어 자연과 인위에 대해 얘기하고 있다. "무엇이 자연적인 것이며, 무엇이 인위적인 것인가." "소와 말은 네 다리를 가지고 있다. 이것이 자연적인 것이다. 그런데 말머리에 멍에를 얹고, 소에 코뚜레를 꿰는 것은 인위적인 것이다."

장자가 생각하기를, 사람의 유의적인 작위는 소와 말의 자연 본성의 파괴와 잔해를 가져올 수 있다고 본다. 그러므로 자연과 인위의 상호 분리를 가져온다고 보았다. 장자는 자연과 인위의 상호분리를 강하게 반대하여 '유위(有爲)'와 상대적인 개념인 '무위(無爲)'를 제기하였다. '유위'는 사물의 자연적 본성을 파괴할 수 있으며, '무위'의 특징은 사물의 자연적 본성에 순종하는 것이다. 그래서 '무위'는 '천(天)', 즉 '자연적인 것'이라고 하였다.

장자가 말하기를, "아무 일도 하지 않으면서 일하는 것을 천(天)이라 한다"(『장자』 외편 「천지」)고 하였다. 장자는 말 머리에 멍에를 얹고 소에 코뚜레를 꿰는 것을 '유위'라고 하였다. 말의 천연 본성에 따르는 것을 '무위'라고 하였다. "말은 발굽으로 서리와 눈을

〈장자(B.C. 369?-286)〉

밟고, 털로는 바람과 추위를 막고 있다. 풀을 뜯고 물을 마시며, 발을 높이 들고 날뛴다. 이것이 말의 참된 본성이다. 비록 높은 누대와 궁궐이 있다 해도 말에게는 아무 소용이 없는 것이다. 백락이 말을 잘 다스린다면서 말에게 낙인을 찍고, 털을 깎고, 발굽을 다듬고, 굴레를 씌우고, 고삐와 띠를 맨 다음 구유가 딸린 마구간을 짓고 넣어두었다. 그러자 말 중에 죽는 놈이 열 마리 중에 두세 마리가 나왔다. 거기에다 말을 굶주리게 하고, 목마르게 하고, 너무 뛰게도 하고, 갑자기 달리게도 하며, 여러 가지 장식을 붙여 보기 좋게 꾸며 주었다. 말의 앞에는 거추장스러운 재갈과 머리장식이 있게 되었고, 뒤에는 채찍의 위협이 존재하게 되었다. 그러자 죽는 말이 반도 넘게 되었다."(『장자』 외편 「마제」) 이에 근거하여 장자는 인위적 방법의 말 기르기를 반대하고 사물 본성의 방법으로 사물을 관리할 것을 제기하였다.

둘째로 옛 사람들은 사람과 사회와의 조화를 강조하였다. 정신건강은 사회의 기대와 요구에 따라 자아가 실현되는 과정이다. 사회는 사람의 현실적인 생활세계이며, 사람과 사람의 관계 및 결과이다. 매 하나의 개체가 생존하고 발전하는 공간이고, 사람의 의의와 가치가 체현되는 무대이다. 유가사상은 경계치용의 학문이다. 사람과 사회의 관계에 대해 많은 언급을 했다. 이러한 모습들은 양호한 인간관계의 구비가 바탕이 되어야 한다. 옛 사람들은 타인과 좋은 관계의 건립을 주장하고 집단 중에서 자기의 위치를 찾고 자기의 가치를 실현하고자 했다 그것은 집단과의 조화를 개인의 안위의 근본으로 삼는다. 그리고 이러한 집단 속에서 양호하고 조화로운 인간관계를 유지하는 것이다.

셋째로 동아시아 전통시대 사람들은 사람과 자아와의 조화를 강조하였다. 특히 장자는 개인의 정신적 자유와 조화를 매우 중시했다. 『제물론』에서도 말하기를, "나는 공자에게서 다음과 같은 말을 들었습니다. 성인은 세상일을 하지 않으며, 이로움도 쫓지 않고 해로움도 피하지 않는다. 무엇을 추구하지도 않고 도를 따르지도 않는다. 말하지 않아도 말한 것처럼 표현되며, 말을 해도 말하지 않은 것과 같다. 먼지 묻은 세상의 밖에서 노니는 것이다"라고 하였다. 성인은 속세의 일에 구속되지 아니하고, 이익을 추구하지 아니하고, 위험을 피하지 아니한다. 이러한 얽매이지 않는 생활을 '유(游)'라고 하였고, '유'는 당연히 물(物)과 사(事)를 초월한 상위의 것이라고 보았다.

장자는 사람의 본성은 질박 자연스러운 것이며, 생활의 목적과 의의는 '소박함을 드러내고 질박함을 끌어안으며'(見素抱朴)에 있다고 생각했다. 사람의 참된 상태를 유지하고 인의 도덕 등 외재적인 인위적 속박을 반대했다.

이러한 세 가지 요소와 더불어 사람과 궁극적 가치의 통일로 조화로운 삶을 결정지을 수 있다. 그것은 바로 종교와 인간과의 관계이다. 인간의 궁극적 가치는 무엇인가? 현실에 대한 행복만이 인간의 최고의 행복인가? 우리가 누구인지 왜 지금 여기에서 살고 있는지에 대한 궁극적 가치에 대해서 묻고 살아가는 것이 바로 진정한 인생의 행복이라고 할 수 있다. 이러한 인간과 궁극적 가치의 합일은 동아시아에서 불교가 그 역할을 담당해 왔다.

정신건강은 본질적으로 생명의 의미에 대한 깨달음이라고 할 수 있다. "처음에는 나라고 어찌 슬픔이 없었겠는가? 그러나 그가 태어나기 이전을 생각해 보니 본시는 삶이 없었던 것이었고, 삶만 없었을 뿐만 아니라 형체조차 없었으며, 형체만이 아니라 기운조차 없었던 것이다. 흐리멍덩한 사이에 섞여 있었으나, 그것이 변화하여 기운이 있게 되었고, 기운이 변화하여 형체가 있게 되었으며, 형체가 변화하여 삶이 있게 되었던 것이다. 지금은 그런 아내가 또 변화하여 죽어간 것이다. 이것은 봄 · 가을과 여름 · 겨울의 사철이 운행하는 것과 같은 변화였던 것이다"(『장자』 외편 「지락(至樂)」) 이것은 장자가 자기의 아내가 세상을 떠난 후에 한 말이다.

유 · 불 · 도 3가는 서로 다른 각도에서 각자 인생의 의미에 대한 견해를 제기하였고, 중국 전통 정신건강사상의 복합적 특징을 나타내었다. 유가와 도가는 입세(入世)와 출세(出世) 두 상반된 시각에서 교묘히 심리적 평형을 유지하였다. 불교는 초월성의 입장에서서 피안으로부터 현세를 다루고, 유(儒)와 도(道) 서로 다른 양가의 자세한 인생의 시각을 제공해 주었다.

주변에 대한 올바른 인식

공부의 과정은 자기와 주위 사물을 인식하는 과정이다. 유가는 학습에 대해 많이 언급하고 있는데, 공자의 말에 대해서는 일일이 열거할 수 없을 뿐만 아니라 순자의 『권학편』에도 있다. 학습은 군자 혹은 성인에 대해 매우 큰 의의가 있는데, 사람에게 지식을 획득하게 할 뿐 아니라 능력을 제고하고, 좋은 품덕을 양성하게 한다.

공자는 "학문을 좋아하는 것 자체가 앎에 가깝다"고 했고, "어려서 배우지 않으면 나이 들어서 무능하게 된다"고 하였다. 또한 "인을 좋아하면서 배우기를 좋아하지 않는다면 그 폐단은 어리석어지고, 지혜를 좋아하면서 배우기를 좋아하지 않는다면 그 폐단은 방탕하여지고, 신의를 좋아하면서 배우기를 좋아하지 않는다면 그 폐단은 의를 해치게 되고, 정직함을 좋아하면서 배우기를 좋아하지 않는다면 그 폐단은 가혹하여지고, 용기를 좋아하면서 배우기를 좋아하지 않는다면 그 폐단은 난폭하여지고, 굳세기를 좋아하면서 배우기를 좋아하지 않는다면 그 폐단은 무모해지는 것이니라"(『논어』 「양화(陽貨)」)라고 하였다.

공자는 제자들을 독려하여 많은 학습을 통해 자기를 이해하고 세계를 인식하게 하였다. "태묘에 들어서는 매사를 묻더라(入太廟, 每事問)"(『논어」 「팔일」)라고 하면서 언제 어디서든 항상 배우려는 자세를 강조하였다. "세 사람이 길을 가면, 반드시 나의 스승이 있다"고 하여 많이 듣고 많이 보고 많이 묻고 많이 익혀야 한다고 하였다.

타인에 대한 관계는 사회적 환경의 중요한 조성 부분이다. 그렇기 때문에 “남을 아는 것”(知人)이 매우 중요하다. 공자가 말하기를, “남이 자기를 알아주지 않는 것을 걱정하지 말고, 남을 알아보지 못하는 것을 걱정하라”(『논어』「학이」)고 하였다. 군자는 자기를 아는 것도 중요하지만 ‘지인(知人)’을 통해 자기로 하여금 ‘입인(立人)’ 즉 타인을 세우게 하는 것이 더 중요하다.

유가의 학습관은 군자가 사물을 인식하고 환경을 이해하는 것이다. 정신이 건강한 사람은 언제나 배움을 즐거워하고, 일을 즐겁게 하며, 사회와 좋은 접촉을 유지할 수 있는 것으로 타인과 사회를 정확히 인식하고 이해하는 것이다. 이러한 것이 오늘날 제기되는 정신건강의 관점이라고 할 수 있다.

적극적인 생활태도

정신이 건강한 사람은 적극적인 생활태도를 지니고 있다. 고대 동아시아 전통문화에서 추앙하고 있는 ‘군자’ 등은 적극적인 생활태도로 현실에 임하고 있다. 낙관, 자신, 지족(知足) 등은 옛 사람들이 지향했던 적극적인 생활태도이다. 군자가 ‘인(仁)’을 이루기 위해서는 스스로의 노력과 유지 여부에 달려있다. 자신을 가지고 노력하면 인에 도달할 수 있다. 공자는 “인이 멀리 있는가? 내가 인을 실천하고자 하면, 곧 인이 다가온다”고 하여 ‘인’의 실현이 자신이 마음먹기에 달렸다고 주장했다.

또한 유가는 자족과 절제의 행복관을 주장하여 군자의 언행, 정서 등은 ‘중용’해야 한다고 하였다. 『중용』에서 얘기하기를, “군자는 자기 운명에 처하여 그 상황에 맞는 행동을 한다. 부귀한 운명이 오면 부귀한 자로서 답을 찾아내고, 빈천한 운명이 오면 빈천한 자로서 답을 찾아내고, 오지의 운명에 처하면 오지 상황에서 답을 찾아내고, 환난의 운명을 당하면 환난 상황에서 답을 찾아낸다. 군자는 어떤 상황이 다가오든 그 상황에서 답을 찾지 아니함이 없다"고 하여 주어진 위치에서 항상 최선을 다해야 함을 역설하고 있다.

현실에 적극적인 생활태도는 실제의 행동에서 나타난다. 군자, 성인 등은 모두 헛된 말을 하는 사람이 아니다. 지행(知行)의 문제는 공자에서 비롯된다. 공자는 "들어가서는 효도하고 나와서는 공손하며 삼가고 성실하게 하며 널리 사람들을 사랑하되 어진사람과 친하게 지내야 하니, 이를 다 행하고 남은 힘이 있거든 그때 학문에 힘써야 한다"고 하여 먼저 행한 후에 학문에 힘쓸 것을 주장했다.

이밖에 주변 환경을 이해하고 인식하는 행위과정도 바로 학습이었다. "행중학(行中學)" 혹은 "행즉학(行卽學)"을 이른다. "어진 이를 어진 이로 대하기를 마치 여색을 좋아하듯이 하고, 부모를 섬길 때는 자신의 힘을 다할 수 있으며, 임금을 섬길 때는 자신의 몸을 다 바칠 수 있고, 벗과 사귈 때는 언행에 믿음이 있다면, 비록 배운 게 없다고 하더라도 나는 반드시 그를 배운 사람이라고 할 것이다"라고 하였다.

어진 사람은 병든 사회를 치유하는 치유사이다. 어진 사람이 대접받는 사회가 되려면, 여색을 좋아하는 마음으로 어진 사람을 좋아해야 한다. 이에 대한 실천은 천륜으로 맺어진 부모와 자식 사이에서 출발한다. 어진 부모에게서 자란 자식이라야 힘을 다해 그 부모를 섬긴다. 또한 어진 사람이라야 벗에게 믿음을 얻을 수 있다. 어진 사람이 대접받는 사회가 된다면, 지식으로 등급을 매기는 인간성 계량화 사회를 넘어서서, 천성에서 우러나는 감성 충만한 행복한 세상을 구현할 수 있을 것이다. 그것을 우리는 정신이 건강한 사회라고 할 것이다.

완벽한 자아 발전의 목표

『상서(尙書)』에는 "오직 사람만이 만물 가운데 영험하다(惟人萬物之靈)"라고 하였다. 동아시아 전통문화는 사람을 중시했는데, 한 사람의 개인은 부단히 도덕 수련을 통해 사람의 미덕을 유지하고 발전시켜 성인군자가 된다고 하였다. 사람은 비록 "천성은 원래 별로 큰 차이가 없으나", "습관에 따라 큰 차이가 생긴다." 맹자가 칭송하는 대장부는 "부(富)하고 귀(貴)하여도 방탕하지 않고, 가난하고 천하여도 절개를 버리지 않으며, 무서운 무력에도 굴하지 않음이, 이른바 대장부다"라고 하였다. 그리하여 끊임없는 노력을 통해 대장부가 되고자 하였다.

하나의 개체 도덕의 개념으로서 '인'은 도덕상의 수신을 통해 최고의 인생경계에 도달하는 것을 가리킨다. 이러한 의미에서 볼 때, '인인(仁人)'은 현대 심리학에서 '자아실현인'과 유사하다. 비록 '인인'이 되기가 쉽지 않으나, 사람마다 모두 노력하여 '인'에 도달할 수 있다. 공자가 말하기를, "인이 멀리 있다고 여기는가? 내가 인을 바라기만 하면 인은 바로 곁에 있다"라고 하여 참된 인간성의 실현이 자신의 의욕에서 가능한 것임을 강조하고 있다. 또한 학문을 인간으로서 성숙하는 방법이라 한다면 맹자가 "학문의 길은 다른 것이 아니라 풀려난 마음을 찾아 들이는 것일 뿐이다"(『맹자』「고자」)라고 언급한 것도 마음의 자기 확보가 자기실현의 출발점임을 밝히고 있는 것이다.

또한 "사람이 인하지 못하고 예가 있으면 무엇하고 사람이 인하지 못하면 음악이 있은들 무엇하랴?"라고 하였다. 그리하여 유가는 '인'이라는 목표를 객관적 실재로 보았다. 모든 개인이 서로 다른 정도로 '인'을 실현해 가고, 개인이 모두 일정 정도상 '인'을 체현해 가고 있다고 보았다.

유가에서 사람들이 추구하는 아름다운 인생 목표는 모두가 작은 단계를 통해 목표를 완성하고 점차 도달하는 것이며, 아름다운 생명목적을 위해 현재를 장악해야 한다고 하였다. '인'의 주요 특징은 진성(眞誠), 정직(正直), 효제(孝悌)와 상호 존중이다. 그것은 '애(愛)'의 기초 위에서 건립되는 것으로 자기와 타인의 관심을 통해 형성되고 실현되는 것이다. 사람과 사람은 분리하기 어려워 개인이 자아실현을 하는 동시에 타인의 발전을 도와준다고 생각한다. 공자가 "자기를 세우고 싶으면 남을 먼저 세워주고, 달성하고자 하면 남을 먼저 달성하게 한다"고 했던 것이 바로 그러한 말을 얘기해 준다.

자아발전은 물론 능력과 선천적 소질과 관련이 있지만, 개인의 노력의 중요성이 더욱 강조된다. 유가에서는 "하늘이 내려준 성인"이 "태어나서 그것을 아는"경우는 극소수다. 대다수 사람의 발전

잠재력은 비슷하다. 어떠한 힘든 일이라도 노력해 나가면 성공할 수 있다. 『중용』에서는 다음과 같이 강조하고 있다.

“배우지 않음이 있을지언정, 배울진대 능하지 못하면 도중에 포기하지 마십시오. 묻지 않음이 있을지언정, 물을진대 알지 못하면 도중에 포기하지 마십시오. 생각하지 않음이 있을지언정, 생각할진대 결말을 얻지 못하면 도중에 포기하지 마십시오. 분변하지 않음이 있을지언정, 분변할진대 분명하지 못하면 도중에 포기하지 마십시오. 행하지 않음이 있을지언정, 행할진대 독실하지 못하거든 도중에 포기하지 마십시오.”

전통시대에서는 사람의 심리발전도 단계적으로 보았다. 따라서 사람의 자아발전목표도 연령별 심리특징과 서로 부합된다. 공자는 ‘자화상’에 대해 말을 할 때, “나는 열다섯 살에 학문에 뜻을 두었고,(志學) 서른 살에 세계관을 확립했으며,(而立) 마흔 살에는 미혹됨이 없게 되었고,(不惑) 쉰 살에는 하늘의 뜻을 알게 되었으며,(知天命) 예순 살에는 무슨 일이든 듣는 대로 순조롭게 이해했고,(耳順) 일흔 살에는 마음 가는 대로 따라 해도 법도에 어긋나지 않았다(不踰矩)”고 하였다. 또 말하기를, “군자에게는 세 가지 경계해야 할 일이 있다. 젊을 때는 혈기가 안정되지 않으므로 정욕을 경계해야 한다. 장년이 되어서는 혈기가 막 왕성해지므로 다툼을 경계해야 한다. 노년이 되어서는 혈기가 이미 쇠약해졌으므로 탐욕을 경계해야 한다”고 하였다. 이것으로 보아 정신건강은 서로 다른 연령단계에서도 중시해야 할 점이 있다고 하는 것이 고대 전통문화의 특징이라고 볼 수 있다.

4) 고대 한국의 풍류도와 나라굿 축제

풍류도와 정신수양

신라의 석학 최치원은 난랑비 서문에 이렇게 적었다. “우리나라에는 현묘한 도가 있으니 이를 풍류(風流)라 한다. 이 가르침을 설치한 근원은 선사(仙史)에 상세히 실려 있거니와 실로 삼교(三敎)를 포함한 것으로 모든 민중과 접촉하여 이를 교화하였다. 또한 그들은 집에 들어와서는 부모에게 효도하고, 나아가서는 나라에 충성을 다하니 이는 노나라 공자의 교지이며, 또한 모든 일을 거리낌 없이 처리하고 말 아니하면서 일을 실행하는 것은 주나라 노자의 종지이며, 모든 악한 일을 하지 않고 모든 착한 행실만 신봉하여 행하는 것은 석가의 교화이다.”

난랑비 서문에는 법흥왕 이전부터 전해오는 ‘현묘한 도리’가 풍류라고 하는데 이는 유교와 불교, 그리고 도교 중의 어느 것도 아니고 이들 세 종교가 갖추고 있는 훌륭한 종교적 이념을 두루 포함되어 있는 것이 풍류라고 설명하고 있다. 이러한 주장은 일면 타당하기도 하다. 불교가 법흥왕 시대에 비로소 공인되었고, 유교는 이로부터 1세기 지난 신문왕 때 가서야 정식으로 국학이 성립되어 일반화되었다고 할 수 있다. 도교 역시 훨씬 이후의 기록에 나타나고 있다.

〈상무정신을 잘 묘사한 고구려 무용총의 수렵도〉

그러나 위에서 설명한 불교와 유교, 그리고 도교의 신라 정착은 공식적인 기록일 뿐이다. 풍류도가 어떠한 사상적 영향도 받지 않은 순수한 고유의 사상이라고 주장할 근거는 미약하다. 아마도 이러한 삼교가 단기간에 한국의 고유 사상에 영향을 미쳤다고 보기는 쉽지 않고 오랜 기간을 거쳤을 가능성은 있다. 어쨌든 풍류도는 신라 고유의 전통적인 것으로 유교와 불교, 그리고 도교가 혼합되어 발전했다고 보는 것이 타당하다. 이러한 풍류도는 신라 화랑도의 사상적 기반이 되었다. 그리고 화랑도는 신도사상과 무속신앙, 그리고 신선사상을 사상적 요소로 하고 있다.

초기 신라는 제정일치 체제의 철저한 신권국가였다. 6촌의 촌장들은 박혁거세의 출생이 신이(神異)하다고 하여 왕으로 삼았고, 이러한 탄생 설화의 신의(神意)에 순종하는 것이 만복을 누릴 수 있는 길이라 여겼다. 신라인들은 신의를 잘못 헤아리거나 어기는 일이 가장 두려웠고 청순무구한 신앙적 심성만이 허용되었다.

고대 신라의 화랑도에 나타나는 무속신앙적 요소는 단군신화에서 원초적인 연유를 찾을 수 있다. 단군 자신이 무속신앙의 중심인물이었듯이 개국 초기의 신라 군왕도 방언으로 무당을 말하며 귀신을 섬기고 제사를 지냈는데 백성들도 그를 두려워하고 공경하였다. 무속신앙은 신과의 영적합일이 이루어져야 하기 때문에 신앙의 절대적인 순수성만이 전제되어야 한다.

신라인들은 이러한 신도사상과 무속신앙이 요구되었던 청순무구한 순수성을 신선사상적 수양방법으로 추구하여 세속을 초월한 이념적 세계를 섭렵했고, 풍류나 풍월도 사상이 유행하게 되었던 것이다. 최치원의 난랑비 서문에 나오는 선사(仙史)라는 말에서 신선사상을 엿볼 수 있으며, 풍류나 풍월, 현묘에서 드러나는 표현도 신선사상을 살펴볼 수 있다. 화랑의 우두머리를 국선(國仙)이라 하거나 화랑들이 신선을 닮고자 명산에 노닐며 '선도(仙徒)'로서 정신을 수양한 사실에서 신선사상적 요소를 보여주고 있다.

이로보아 고대 한국에서는 전통적 무속신앙과 더불어 인간과 자연과의 조화를 추구하는 자연주의적 사상의 기조 위에서 고유한 신선사상을 가지고 있었음을 짐작할 수 있다. 이러한 신선사상이 중국의 도교와 비슷한 면이 있으나 우리 선인(先人)들은 은둔적 태도를 보이며 이룩된 도교와는 사상적 바탕이 다른 고유한 신선사상을 가지고 있었다. 선인들의 신선사상은 낙천적이며 현실주의적이고 자연주의적인 모습을 함께 보이고 있다. 고구려 고분벽화에 나오듯이 삼신산(三神山)과 대조(大鳥)를 타고 가는 신선처럼 옛사람들은 빼어나고 수려한 산수에서 노닐면서 하늘에 제사를 지내고 심신을 연마하여 신과 인간, 그리고 자연과의 조화를 적극적으로 추구하고자 하였다.

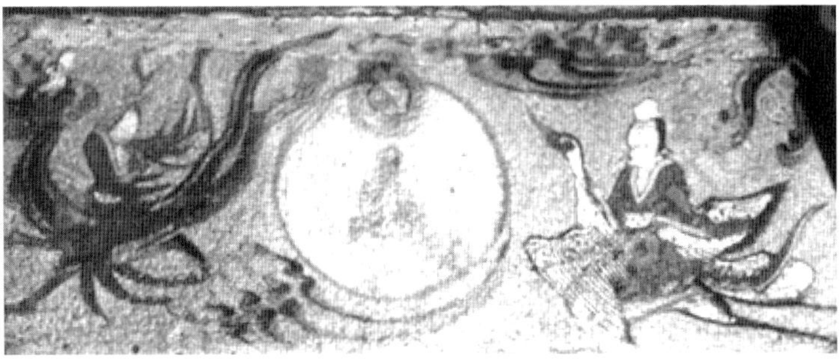

〈학과 용을 타고 승천하는 신선을 그린 고구려 고분벽화〉

신도사상 · 무속신앙 · 신선사상 등의 기본 요소를 바탕으로 전승되어 온 풍류도는 제천의례 등을 통해 신의를 헤아려 항상 따르려는 청순무구한 심성을 가다듬고, 빼어난 산수를 즐겁게 노니는 등의 수양 방법으로 인격을 도야해 국가에 충효의 도리를 다하고 자연 속에 유적해 그 도리를 터득하려는 슬기로움을 갖추고자 하였다.

나라굿 축제와 정신건강

한국 축제의 기원은 고대 부족국가시대에서 찾아볼 수 있다. 『삼국지』 「위지동이전」에 기록된 부여의 정월 축제인 영고(迎鼓), 10월에 열렸던 고구려의 동맹(東盟)과 예의 무천(舞天), 그리고 삼한의 오월제(五月祭)와 시월제(十月祭) 등이 그것이다. 오늘날의 개천절, 추수감사절 등 10월에 문화제가 풍성한 것도 이 제천의식의 전통 때문이다.

〈고구려 동맹의 모습을 그린 고구려 장천1호 벽화〉

기록에 의하면 이 시기에 모든 사람들이 국가적인 종교의식이 끝난 뒤에 난장을 열고 연일 음주가무하며 축제를 즐겼다고 한다. 백성들은 일상의 규범과 질서에서 잠시 일탈하여 신명나는 축제에 자신을 맡겼다. 이러한 국가적 집단행위가 바로 국가적 차원에서 행했던 것이 나라굿 축제였다. 온 나라 사람들이 하늘을 초월적 존재로 삼아 국가와 사회의 안녕을 기원하던 국가적 종교행위였다.

신라시대의 팔관회와 같은 굿은 나라굿으로, 전국적인 규모로 행해져 이를 통해 온 나라 사람들이 공통적인 정서를 형성하는 행사였다. 『삼국사기』와 『삼국유사』에 수록되어 있는 네 번의 신라 팔관회는 모두 호국적 성격을 지니며, 불교와 밀접한 관련이 있으나 부족 고유의 토속신앙을 통합하기 위하여 사찰에서 재래의 산천용신제(山川龍神祭)와 시월제천(十月祭天) 등을 불교의식과 합하여 신라 특유의 팔관회를 개최하였다. 불교와 도교의 도입으로 고려시대에 전통적인 국가의식이 불교와 도교에 의해 분화되기 시작했지만 나라의 천신제나 시조제와 관련하여 계속 한국무가 전통적 기능을 담당하기도 했다.

이러한 나라굿 축제에는 국가적 행사로서의 종교적 엄숙성이 존재했고, 또한 온 나라 사람들이 신명나게 스스로 즐겼는데, 이러한 양면성이 바로 축제의 본질이라고 할 수 있다. 나라굿 축제에서 행해지는 제천의식 속에는 영신(迎神)과 오신(娛神)과 송신(送神)의 과정이 있었을 것이다. 따라서 이것은 제사를 주관하는 무당의 몫이지 백성의 몫은 아니었다. 그러나 무당에 의한 신의 강림, 축원 등 종교적 체험을 통해서 굿에 참여한 백성도 적지 않은 전율을 느꼈을 것이므로 이에 따른 신명을 음악과 노래와 춤 등으로 그 감정을 드러낼 수도 있다.

이처럼 나라굿 축제는 온 나라 사람들이 여기에 참여해서 국가의 안녕과 사회의 건강을 기원했을 뿐만 아니라 자신의 일상의 삶에서 맺힌 것도 함께 풀어버리는 심리치유를 경험할 수 있었던 것이다. 그래서 상고시대 나라굿 축제는 종교적 엄숙성과 신명의 놀이성이 함께하면서 인간의 마음에 맺힌 심리적 장애를 해결하는 집단적 행위라고 할 수 있다. 종교적 축제에 기대어 신명나게 어우러짐으로써 공동체의 동질성과 연대감을 확인하고, 축제의 일탈된 행동을 통해서 일상의 삶에서 받은 구속으로부터 자유를 향유하면서 소외감 같은 심리장애에서 벗어날 수 있었다.

3. 서양세계의 치유인문학

1) 고대의 건강과 치유에 대한 인식

건강의 여신과 건강개념

인간이 자연스럽게 나이가 들어가면서 가장 중요하게 생각하는 것은 '건강'이다. 건강은 정신적인 측면과 육체적인 측면에 모두 관련되어 있다. 어쩌면 인간은 죽음 자체보다도 죽음에 이르는 고통 때문에 죽음을 두려워할 수도 있다. 인간에게 고통을 일으키는 몸의 상처나 질병 등은 마음까지 병들게 하고, 반대로 마음의 상처가 몸을 병들게 하기도 한다. 그래서 그리스인들은 건강한 몸에 건강한 정신이라 말했다. 고대 아스클레피오스 신전에는 많은 사람들이 찾아왔다. 그곳은 단지 몸만을 치료하는 곳은 아니었다. 많은 사람들이 신전 안에서 잠만 자도 병이 치료된다고 생각했는데, 이는 마음의 병이 치유되었기 때문에 가능했던 것이다.

아스클레피오스 신전 안에는 아스클레피오스상과 히게이아상이 모셔져 있었다. 히게이아(Hygeia)는 그리스어로 '건강'을 의미하며 아스클레피오스 딸들 중의 하나이다. 아마도 아스클레피오스 신을 통해 질병의 치료를 받고 히게이아 여신에게서 건강을 되찾기를 바라는 마음에서 신전 안에 함께 모셨을 것이다.

이처럼 고대 그리스인들은 아스클레피오스 신전에 대해 여전히 미신적인 생각을 갖고 있었다. 그런 가운데 주술과 종교적 의식에 의존하던 의술을 획기적으로 변화시킨 인물이 등장한다. 그는 소크라테스와 같은 시대를 살았던 코스 섬 출신의 유명한 히포크라테스(Hippokrates)이다. 그는 인체를 하나의 유기체로 보고 주로 환자에 대한 세심한 관찰을 통한 임상 실험을 토대로 의술을 시행하였다.

〈히게이아〉

B.C.400년경 히포크라테스는 인간의 건강은 생활양식·기후·지형·공기상태·음식 등 여러 가지 포괄적인 환경요인의 영향으로 인하여 건강이 유지된다고 보았으며, 정신과 육체는 서로 깊은 영향을 주고받는 관계로 독립된 실체가 아니라고 주장하였다. 즉 인간의 건강으로 결정하는 중요한 변수로 사회적 환경을 꼽았으며, 이에 따라 점차 사람들의 인식도 바뀌어 가게 되었다.

히포크라테스는 질병의 원인과 발생에 대해 신을 언급하지 않았다. 그는 당시로서는 아주 혁신적으로 과학적 관찰과 실험에 의해 의학적 이론을 확립하였기 때문에 의학의 시조로 일컬어진다. 오늘날에도 전문적인 의사가 되기 위해 수련 과정에 있는 사람들은 그의 이름에서 유래되는 히포크라테스 선서를 암송한다. 그러나 히포크라테스 선서는 고대 그리스의 의술의 신 아폴론과 아스클레피오스의 이름으로부터 시작한다. "나는 의술의 신, 아폴론과 아스클레피오스와 히게이아 및 파나케이아(Panakeia)에게 맹세하여 나의 능력과 판단에 의해 다음의 선서를 준수할 것을 모든 신과 여신 앞에서 맹세한다." 여기 등장하는 파나케이아도 역시 아스클레피오스의 딸로 '모두 치료하는 자'라는 의미를 가지고 있다.

한편 최초로 그리스사회에 철학을 도입했다는 평을 듣고 있는 사모스 출신의 피타고라스(Pythagoras)는 다방면에서 두각을 나타내었는데, 특히 그는 수학상의 업적과 최초의 음향법칙의 발견으로 널리 알려졌다. 그는 수(數)가 세계의 모든 것을 설명하기 위한 기본원리라고 생각하였고, 수를 적용하여 음악 · 의학, 그리고 천문학 분야에서 의미있는 성과를 거두었다. 나아가 피타고라스는 각각의 수가 지닌 의미를 규정하는데 머물지 않고 수적인 비율과 비례로 모든 것을 설명하고자 하였다. 물론 수적 비율이 맞는 것은 조화로운 것이고 틀린 것은 부조화라는 것이다. 예를 들면 음식은 더운 것과 찬 것, 젖은 것과 마른 것이 조화를 이루어야하며, 음식들 간의 수적 비율이 맞지 않으면 부조화의 상태에 빠져 신체가 건강을 잃게 된다고 보았다. 즉 병은 부조화요 건강은 조화라는 것으로 병과 건강과의 관계는 무질서한 혼돈과 정연한 형식과의 관계와도 같다고 하였다.

치유에 대한 인식

일반적으로 환자가 치료의 목적과 원리에 대한 설명을 듣고 받아들이면 그 치료과정은 적절한 것으로 간주된다. 질병이 악령의 노여움이나 분노에 의해, 또는 그들의 법을 위반하여 생긴다고 믿는다면 그들을 달랠 필요가 있다. 악령의 존재를 믿고 나아가 그에 대처하기 위한 요법이 효과가 있을 것이라고 믿는 사람들에게 그것은 합리적인 행동이다. 경험적 요법의 힘은 입증된 방법의 효과에 대한 광범위한 믿음의 확산으로 설명된다. 그러한 치료법에 많은 정통, 비정통 치료자들이 수세기 동안 신뢰를 두었고, 지금도 여전히 많은 사람들이 그러하다.

고대시대에 들어서도 히포크라테스 이전에는 인간에게 가장 큰 재앙으로 나타나는 질병이나 불건강(不健康)은 좋지 않은 귀신이나 신(神)의 노여움을 사서 생겨난다고 믿는 경우가 많았다. 따라서 이와 같은 질병으로부터 해방되기 위해서는 귀신의 노여움에서 해방되거나 신의 보살핌을 구하려고 신전에 나아가 기도하거나 정양하며 부정한 행동을 멀리하도록 권고하여 이들을 신전의학(神殿醫學)이라고 부르기도 하였다.

또한 히포크라테스가 속해있던 코스학파와 반대로 질병중심의 사고를 견지하고 있던 크니도스학파 역시 신전을 중요한 병자 진료의 장으로 삼았고, 기도와 주문을 통해 강한 암시를 받으므로 건강을 회복할 수 있다고 믿었다.

이와 같이 고대 시기에도 치유 문제를 신의 분노와 불쾌감에 연결시켜 신의 도움을 통하여 해결하고자하는 방법이 통용되었고, 이러한 방법도 나름대로 효과적이고 체계적이었다고 할 수 있다. 인간은 갑자기 사고를 당하거나 질병에 걸리게 되면 자신에게 닥친 불행을 해석하려고 하는 경향이 있다. 왜 자신에게 이런 일이 일어났는지, 그리고 이러한 불행을 극복하고 피할 수 있는 방법은 무엇인지 찾고자 한다. 유명한 민간요법들은 종종 과학적인 설명에 역행하기도 하나, 인간의 행동과 믿음에는 철학으로부터 배운 지식보다는 먼 옛날부터 유전되어온 감정이 더 큰 지배력을 행사한다. 치유의 결과에 대한 믿음이 있으면 병자들은 훨씬 더 좋은 결과를 얻을 수 있었기 때문이다.

한편 피타고라스나 히포크라테스와 같이 건강의 문제를 몸의 균형 문제나 신이 아닌 주변 환경에 원인을 두고 치유의 방안을 찾고자 함으로서 치유의 새로운 방향을 제시하기도 하였다.

2) 고대의 치유세계와 인문학

고대 이집트의 종교와 치유

고대 이집트인의 사고와 생활은 종교적인 요소와 밀접한 연관을 맺고 있었다. 나일강의 범람에서 사람이나 동물의 갑작스런 죽음에 이르게 까지, 인간생활과 자연의 모든 현상을 신이 결정한다고 생각했다. 그러므로 고대 이집트에도 의사라는 전문직업이 존재했으나 질병의 본질에 관한 이론과 그 질병 치료의 이론에는 초자연적이며 특히 종교적인 관점이 우세했다. 왕은 신이며, 사후의 생명에 대한 부단한 집착을 증명해 주는 피라미드와 미이라가 있고, 사제들이 중요한 정치적 역할을 했던 이집트에서 질병과 치료에 대한 초자연적이며 종교적인 지배가 놀라운 일은 아니었다.

의사들은 신전학교(사제학교)에서 교육을 받았으며 서양에서 중세 후기 사제 의사들의 방식과 같이 거의 일생 동안을 사제로 보냈다. 이집트에서도 영혼이나 악마는 질병을 야기시킨다고 믿었으며 주문과 부적으로 질병에 대항하는 것이 관례였다. 그러나 주문은 점점 기도로 대치되었으며, 악마는 신들에 의하여 배제되었다. 특정의 신들은 일정한 질병에 대하여 보호해 주고 질병치료에 새로운 방법을 고안해 낸 반면에 다른 신들은 질병을 야기시킬 수도 있었다. 때로는 동일한 신이 질병을 일으키는 일과 치료하는 일을 관장하기도 했으며, 신체의 각 사지(四肢)는 특정의 신이 지정되어 있었다.

이집트에는 태양신 레(Re, 또는 Ra)가 가장 중요한 신이었으며, 땅의 신 아이시스(Isis)는 병을 고치는 능력을 가지고 있었다. 아이시스는 나일강의 신인 동생 오시리스(Osiris)와 결혼하여 호루스(Horus)를 낳았다고 하는데, 이 호루스의 네 아들은 이집트인들이 미라를 만들 때 떼어낸 내장을 보존하던 항아리에 그려져 있다.

질병의 신이었던 악마 세스(Seth)와 그의 부인 네프티스(Nephthys) 역시 아이시스의 동생들인데, 세스가 호루스의 눈을 병들게 하자 지식의 신이며 글을 발명한 신이기도 했던 의사의 신 토트(Thoth)가 낫게 했다고 한다. 그밖에도 출산의 신인 하토르(Hathor), 임산부들을 보호하던 베스(Bes)와 퇴리스(Thoüris), 다산의 신 케케트(Keket)와 그의 남편 크눔(Khnum, 또는 Chnum) 등이 의학과 관계가 있는 신들이었으며, 세크메트(Sekhmet)는 유행병을 주관하는 여신이었다.

톨레미 왕조 시대에는 세라피스(Serapis)가 아스클레피우스(Asclepius)와 같이 치료의 신으로 숭상되었으며, 기원전 6세기경에는 임호텝이 토트를 대신하여 의학의 신이 되었다. 그 후에는 그리스의 아스클레피우스와 이집트의 임호텝이 합쳐진 아스클레피오스 임호테스(Adclepios-Imhoutes)가 의료의 신이 되었다.

임호텝(Imhotep)은 기원전 2980년경 이집트를 통치했던 조세르(Zoser)왕 시대의 재상으로 고대 이집트 의학을 대표하는 인물이다. 고대 이집트 문화의 전성기를 연 인물로, 건축 · 의학 · 천문학 · 철학에 뛰어났고, 태양신의 대제사장으로서 모든 행사를 주관하였다. 다양한 분야에 업적을 남겼지만, 특히 의사로서 많은 존경을 받았고, 훗날 의학의 신으로 격상되었다. 당시 이집트 사람들은 신전에서 잠을 자는 동안 신이 인간의 꿈에 나타나 적절한 치료법을 알려준다고 믿었는데, 이는 임호텝에 대한 예배의식의 하나가 되었으며 훗날 그리스에서도 의술의 신인 아스클레오피스를 숭배하는 의식으로 발전했다.

〈최초의 피라미드를 만든 임호텝〉

특히 피라미드를 처음 설계한 인물로, 기원전 2660년 무렵 한 변이 63m에 달하는 직사각형의 석조 마스타바를 이용해 계단식 피라미드를 건설하였다. 이 피라미드는 조세르를 위해 건설한 것으로, 중앙에 깊이 28m의 수혈(竪穴:세로로 곧게 판 구덩이)을 파고 그 밑에 매장실을 만들었다. 그 뒤 확장공사를 통해 완성된 이 피라미드의 밑변은 109×126m이고, 높이는 62m이다.

건축뿐 아니라 의술에도 뛰어나 배[腹]·직장·방광·눈·피부·머리·손·혀 등 사람의 18개 부위와 관련된 총 200가지의 질병을 진단하고 치료했다고 한다. 후세에 신격화되어 학문과 의술의 신으로 추앙받았고, 나중에는 멤피스의 최고(最古) 3신(神) 가운데 한 명으로 농작물의 신, 질병 치유의 신으로 불리는 네페르툼(Nefertum)과 동일시되었다.

이집트 벽화나 자료에는 의자에 앉아 있는 서기관의 모습, 파피루스 두루마리를 무릎 위에 걸치고 있는 머리 깎은 승려의 모습 등으로 그려져 있다. 그리스·로마신화에서 의술의 신이자 아폴론의 아들로 등장하는 아스클레피오스(Asklēpios) 역시 임호텝의 변형에 지나지 않는다.

일리아드의 저자 호머나 펠로폰네소스 전쟁사를 쓴 헤로도투스는 자신들의 작품 속에서 이집트의 의사들이 가장 훌륭하다고 말하고 있다. 헤로도투스와 디오도루스(Diodorus Silicus)에 의하면 이집트의 의사들은 눈, 치아, 두부, 창자, 내장의 질병 등 각각의 분야로 전문화되어 있었으며, 의사의 신 토트의 의학책(Hermetic Books)에 쓰인대로 치료했는데, 만일 그대로 하지 않다가 환자가 죽을 경우에는 중범죄로 다스렸다고 한다.

그러나 일반적으로 고대 이집트의 의학은 바빌로니아보다 발전해 있었다고 알려져 있으며, B.C.2700년경의 비석에 새겨진 상형문자에 이미 의사와 치과의사에 관한 대목이 나타나 있기도 하다. 이집트 역시 치유자의 역할은 사제들이 담당하였는데, 그들은 심장이 생명의 중심이고 항문이 질병의 중심이라고 생각하였으며,

주문과 기도로 치료하였고, 의학과 초자연적인 것을 구분하지 못하였다. 또 이집트의 의사들은 사람의 몸에는 심장과 44 또는 22개의 추상적인 개념의 혈관이 있다고 생각하였으며, 모든 물질은 땅·물·불·공기의 네가지로 이루어져 있다는 4원소의 개념을 발전시켰다.

메소포타미아의 종교와 치유

이집트에서와 같이 메소포타미아에서도 의학은 종교가 중심이 되었고, 다수의 남신(男神)들과 여신들이 건강과 질병을 지배하고 있었다. 따라서 성직자 계급은 모든 의사들과 주술사·점쟁이들의 역할도 담당하고 있었다.

또한 메소포타미아인들은 질병에 관한 개념 역시 종교적이어서 질병은 정결하지 못한 상태를 야기시킨 죄에 대한 처벌이라고 생각하였다. 질병, 죄, 죄에 대한 처벌과 불결 등 이 4가지 개념이 때로는 같은 말로 표현되었을 정도로 거의 유사하게 사용되었다. 그들은 인간이 죄를 범하거나 여러 가지 금기사항 가운데 하나를 범한다면 신들이 인간을 수호하는 일을 멈춘다고 생각하였다. 즉, 인간은 수없이 많은 질병에 관련되어 있는 악마와 메소포타미아 지역에서 신앙의 대상이 되고 있는 잡신들에 복종하고 있었던 것이다.

병의 진단과 치유에 있어서도 질병은 어느 특정한 악마의 소행으로 알려져 있어 진단도 불필요했고, 사제는 있을 수 있는 죄업(罪業)을 열거한 목록을 병자에게 낭독하여 주고 병자가 자신의 질병을 야기시켰다고 믿게 되는 죄를 이 가운데서 가려내어 고백하게 했다. 또는 점성술, 동물의 간장으로 치는 점(hepatoscopy), 꿈, 기형 동물의 출생 등이 질병의 진단이나 예후의 추측 등에 이용되었고, 부적에 의한 예방이나 기도와 주문에 의한 치유가 주를 이루었다.

〈길가메시〉

한편 메소포타미아에는 수메르 왕조시기 우루크의 왕 길가메시가 친구 엔키두의 죽음에서 불멸의 삶을 찾아 여행을 떠나 불로초를 알게 되었다는 최초의 신화이자 서사시인 길가메시 서사시가 전해져 죽음을 극복하고자하는 시도가 있었음을 알 수 있다.

고대 마야문명의 치유

고대 마야인들의 치유는 이집트와 메소포타미아의 치유와 마찬가지로 종교적 병인론을 가지고 있었는데, 허리케인이 자주 발생하는 지리적 특성에서 사람이 죄를 지으면 바람신들이 병을 가져온다고 믿었다. 병을 가져온다는 바람의 개념은 원래 순전히 종교적이었으나 실제로 합리적인 생각이었던 것이다.

왕은 사제인 동시에 정치적인 주권자였으며, 질병의 신과 치료의 신이 있었다. 질병의 원인으로서의 죄의 관념과 치료로서의 고해의 관념이 일반적으로 알려져 있었다. 역시 점성술이 진단에 이용되었고, 부적 · 주문 · 고해 등을 통하여 치유하고자 하였다.

고대 잉카문명의 치유

고대 잉카인들 역시 종교적인 병인론을 가지고 있었는데, 신들과 마법자들이 질병을 옮길 수 있다고 믿었으며, 계절에 따라 다른 질병이 발생하는 이유는 바람이 병을 가져오기 때문이라고 생각하였다. 주로 고백과 주문으로 환자를 치유하였으며, 특히 악령을 기니 피그(Guinea Pig)와 같은 다른 동물에 병을 옮기는 주술적 의식이 성행하였다.

〈마야문명〉

고대 그리스의 치유와 아스클레피오스 신전

고대 그리스의 의학 이전 치유도 여타의 지역에서와 같이 사람들을 병들게 하는 힘이 신들에게 있다고 여기는 종교적 세계관에 의해서 이루어졌다. 따라서 초기에는 종교적인 치유가 현저하게 나타나고 있으며, 특히 빈민들이나 불치의 병자들에게는 얻기 쉽고, 의지할 수 있는 유일한 치유의 형태로 인식되었다.

그리스인들에게는 병을 일으키고 병을 치료했던 많은 신들이 있었다. 그리스인들은 자신들과 동일한 모습으로 신의 형상을 창조했는데, 다만 그들은 훨씬 강력한 존재였을 뿐이다. 특히 아폴로(Apollo)는 그리스의 이름 아스클레피오스(Asklepios)를 라틴어로 변형하여 주로 사용하는 에스쿨랍(Aeskulap)으로 대치되던 기원전 5세기에까지 질병의 신과 치유의 신으로서의 역할을 했다. 에스쿨랍의 지팡이와 성스러운 뱀은 오늘날에도 의사의 직업에 대한 상징으로 되어 있다.

〈아스클레피오스〉

디오니소스 극장으로 들어가는 서쪽 출입구 쪽에 인접하여 또 하나의 신전 터가 남아 있다. 바로 아폴론 신의 아들인 의술의 신 아스클레피오스 신전이다. 아스클레피오스는 라틴어로 아이스쿨라피우스(Aesculapius)라고 한다. 호메로스에서는 인간이며 의사라고 되어 있으나 훗날의 전설에서는 아폴론의 아들이라고 전해지고 있다. 아스클레피오스는 원래 아폴론 신이 그리스 북쪽의 보이베이스 근처에서 코로니스(Koronis)와 결합하여 낳은 자식이다. 코로니스는 아폴론과 이미 결합하여 아스클레피오스를 임신하고 있었음에도 아르카디아에서 온 이스퀴스라는 인물에게 몸을 맡겼다. 그러나 이 사실이 밝혀져 아르테미스 여신이 코로니스를 화살로 쏘아 죽였다. 더욱이 아폴론이 내린 역병이 돌아 다른 많은 여인들도 함께 죽었다. 아폴론은 화장할 장작더미 위에 놓인 코로니스의 시체에서 아스클레피오스를 꺼내 케이론에게 보내 의술을 배우게 하였다.

케이론은 아스클레피오스에게 약초 만드는 법과 마사지에 의해 병을 고치는 법, 주술에 의한 치료 방법과 외과 수술 방법 등 인간의 모든 상처와 병을 치료하는 법을 가르쳤다. 아스클레피오스는 트라카라는 도시에다 요즈음의 의과대학 겸 부속병원 비슷한 것을 세우고 의술을 가르치는 한편 병자를 치료했다. 아스클레피오스에게는 네 딸이 있어 아버지를 도와 간호사 노릇을 했다. 첫째 딸의 이름 이아소는 '의료'라는 뜻이고, 둘째 딸의 이름 판케이아는 '만병통치', 셋째 딸의 이름 아이글레는 '광명', 넷째 딸의 이름 히게이아는 '건강'이라는 뜻이다. 아스클레피오스의 의학교는 수많은 명의를 배출하게 되는데, 그 중에서도 가장 이름 높은 명의가 히포크라테스이다.

아스클레피오스가 의술을 펼치자 그의 소문은 곧 온 그리스로 퍼져 수많은 병자들이 몰려왔다. 아스클레피오스는 유명해지자 자만심이 생겨 자신이 신과 같은 존재라고 생각하기 시작했다. 드디어 자신의 모든 지식과 기술의 발휘하여 죽은 사람까지도 살려내자 지하세계의 인구가 눈에 띄게 줄어들어 하데스의 불평을 들은 제우스에 의해 벼락에 맞아 죽은 걸로 전해진다. 아스클레피오스는 케이론 밑에서 자라면서 의술을 배워 죽은 사람도 되살릴 수 있었기 때문에, 제우스는 인간이 그를 통하여 불사(不死)의 능력을 얻을까 두려워하여 번개를 쳐 그를 죽였던 것이다. 그러나 아폴론의 요청으로 제우스는 그를 별로 바꾸어 오피우커스(Ophiuchus: 뱀 주인자리)가 생겼다고 한다. 그래서 뱀은 약초를 발견하는 비법을 알고 있다고 믿어졌고, 아스클레피오스와 관계 깊은 신성한 동물로 보아 뱀을 위하여 수탉이 제물로 바쳐지기도 했다.

아스클레피오스는 죽은 후에 숭배를 받았고, 특히 펠로폰네소스 반도의 에피다우로스는 아스클레피오스 숭배로 유명한 도시이다. 이곳에는 커다란 신전이 세워져 많은 병자들이 몰려들었다. 그에 대한 숭배는 각지에 퍼졌는데, 로마에도 BC 293년 악역(惡疫)의 유행 당시에 들어온 것으로 짐작된다. 또한 코스섬과 크니도스섬을 중심으로 아스클레피오스의 자손(아스클레피아다이)이라고 하는 의술자들이 살고 있는데, 그 의술은 비전(秘傳)이라고는 하나 일종의 정신요법이 주된 비방(秘方)이었던 것 같다.

건강의 신인 아스클레피오스를 모시는 신전은 그리스뿐만 아니라 후일에는 로마의 여러 지방에도 생겨났는데, 이곳에서 환자들이 치료를 받았다. 아스클레피오스의 신전은 고대의 의과대학 및 그 부속병원이었던 셈이다. 그리스의 많은 사원 유적중에 아스클레피오스를 숭배하던 곳들은 대게 부근에 샘물이 있는 경관이 좋은곳에 위치하고 있다. 특히 히포크라테스가 태어난 곳으로 알려진 섬인 코스, 갈렌이 태어난 페르가모스를 비롯, 아테네, 에피다우루스, 코린트 등이 유명한 곳이다.

신전에서는 일반적으로 닭이나 양, 돼지 등의 동물을 제물로 바쳤으며 드물게 염소를 바치기도 했는데, 어떤 곳에서는 염소를 제물로 사용하는 것을 금하기도 하였다. 뱀은 아스클레피오스와 함께 신성한 것으로 여겨졌으며, 지팡이를 감고 있는 뱀이 그의 상징이었다. 호머의 일리아드, 헤론다스의 연극(Mimes), 아리스토파네스의 희극(Plutus), 플라톤의 파에도(Phaedo) 등 많은 그리스 고전 문학속에서 아스클레피오스와 신전의 의식에 관한 언급을 찾아볼 수 있다.

그 이후 그리스 철학이 발전하면서 치유의 문제에 있어서도 중요한 영향을 끼쳤다. 그리스의 자연철학은 인간의 사상 발전에서 하나의 거대한 이정표이기도 하다. 이러한 그리스철학은 그리스 본토가 아닌 그리스 문화 중심지의 외곽인 이탈리아 남부 해안이나 지금의 터키 서부해안지역으로부터 시작되었다.

초기 그리스 철학자들은 한편 초기의 과학자들이었으며, 그들 중 몇몇은 종교지도자들이기도 하였다. 이들 초기의 철학자들은 신의 세계와 인간의 세계에 걸쳐있으면서 '세상만물의 공통적인 요소는 무엇인가?'에 대한 물음으로서 철학적 사고가 시작되었다고 할 수 있다 . 곧 철학자들은 모든 것의 근본, 본질, 시원, 즉 아르케(arche)에 대하여 궁금증을 갖기 시작하였다. 그 이전시기까지는 모든 것의 근원을 당연히 신으로 생각하였기 때문에 아르케에 대한 의문을 가질 이유가 없었던 것이다.

기원전 585년 5월 28일의 일식을 예언했던 밀레토스 출신의 탈레스(Thales)는 수분(습도)을 기본요소로 간주했다. 밀레토스 출신의

〈탈레스〉

아낙시메네스(Anaximenes)는 공기의 이러한 역할을 덧붙였고, 에페수스 출신의 헤라클레이토스(Herakleitos)는 불을 기본원소로 택했다. 다음 페르시아전쟁 이후 철학의 선두주자였던 엠페도클래스(Empedocles)는 물, 불, 흙, 공기의 4원소를 근원이라고 보고, 마물이 그것들의 조합으로 이루어졌다고 주장하였다.

이러한 4원소설 사상을 바탕으로 히포크라테스는 병의 치유문제를 철학적으로 접근하고자 시도하였다. 그에 대해서는 자료가 희박하여 자세히 알려져 있지는 않지만, 그는 의사로 알려져 있기는 하나 의학탄생 이전의 치유법에 관한 전문가로 생각된다.

히포크라테스 학파와 체액병리학

체액병리학은 인체의 '체액'개념에 그 근거를 둔다. 그 뿌리는 기원 전 6세기에 이미 확립되어 있던 4원소(흙, 물, 공기, 불)에 관한 그리스 이론이다. 히포크라테스(기원 전 460년경 출생)의 시대까지 이 이론은 4원소설과 유사한 4가지의 성질-열, 냉, 건, 습-에 관한 개념에 의해 보강되었다. 4성질이 전자의 이론에 통합되어 4가지의 '체액'개념이 생겨났다. 즉 사람의 몸은 냉, 건, 습, 열(cold, dry, moist, hot)의 성질을 가진 4가지 체액으로 이루어져 있으며 이들이 균형 잡힌 상태일 때 건강하다는 학설이다. 4가지 체액은 피, 점액, 황담즙, 흑담즙이다. 피는 열하고 습하며, 점액은 차고 습하다. 황담즙은 열하고 건조하며 흑담즙은 차고 건조하다. 4체액설에 의하면 한 원소가 많을 때 반대가 되는 원소를 보충해주는 것이 좋은 치유법이다. 또 각각의 사람은 어느 한 가지 체액을 중심으로 평형을 이루고 있는데, 그것으로 개인의 체질을 구분할 수 있다는 일종의 치유 이론이었다. 고대 그리스의 건강에 대한 균형이론은 히포크라테스의 질병에 관한 기술을 읽어보면 잘 알 수 있다.

> 인체는 혈액, 점액, 황담즙, 흑담즙을 포함한다. 이들은 체질을 구성하며 통증과 건강의 원인이 된다. 이 구성물질이 힘과 질의 점에서 서로 정확한 비율로 있고, 충분히 혼합되어 있는 상태가 바로 건강한 상태이다. 통증은 그 물질의 하나가 부족하거나 과잉상태에 있거나 또 몸 가운데서 분리되어 다른 것과 혼합되어 있지 않을 때에 일어난다.

히포크라테스 학파의 병인론에 의하면 건강이란 4체액이 조화된 상태인데 질병은 이들의 불균형에 의해 이루어진 부조화 상태에서 나타나며, 발생기(apepsis)의 상태에 있는 잘못된 체액은 자연적으로 회복하거나 소화(coction)에 의해 위기의 날에 배설되어 낫는다는 것으로 엠페도클레스와 피타고라스의 영향을 받고 있음을 알 수 있다.

히포크라테스 학파에 의하면 '4가지의 체액은 외견상으로 본질적인 차이가 있으므로 특정의 다른 이름을 부여한 것이고, 그것들은 열, 냉, 건, 습이라고 하는 성질면에서 다르다'고 하였다. 히포크라테스가 체액의 성질을 정확히 특징 지우고 있지는 않았으나 그들 성질을 명확히 파악하고 있었고, 그들 성질이 기후와 천기에 따라 일년을 통해서 변화한다는 것을 기록하고 있다.

점액은 겨울에 증가하는데, 그것은 체액중에서 가장 차가운 것이기 때문에 겨울과 가장 잘 조화를 이룬다라고 그는 기록하고 있다. 봄에는 우기의 습기와 따뜻한 날들에 자극을 받아 혈액의 양이 증가한다. 그것은 습하고 따뜻하기 때문에 봄은 혈액과 가장 잘 조화한다는 것이다. 여름에도 혈액은 강력한 상태이지만 담즙이 점차 증가하여 여름과 가을 사이의 신체를 지배한다. 덥고 건조한 여름에는 황담즙이 주도적이지만, 차갑고 건조한 가을이 오면 이 담즙은 차갑게 되어 흑담즙이 우위에 선다.

〈체액설에 따른 기질을 인물로 표현한 목판화, 왼쪽 위부터 시계방향으로 점액질, 다혈질, 우울질, 담즙질〉

히포크라테스는 이와 같이 계절적인 변동 때문에 많은 병은 일년의 특정시기에 일어난다고 생각해도 좋다고 이야기하였다. 즉 치료한다고 해도 의사가 염두에 두어야만 하는 것은 모든 질병은 그 성질을 가장 강하게 갖는 계절에 가장 유행한다고 사실이고, 게다가 치료는 그 질병의 원인에 대항하는 것을 목표로 해야 한다는 것이다. 과식을 원인으로 하는 질병은 절식에 의해, 기아에 의한 질병은 섭식에 의해 치료하고, 과로에 의한 질병은 휴식에 의해 게으르고 태만한 것에 의한 것은 근면에 의해 치료된다고 하였다. 다시말하면 의사는 질병의 치료에서 그 형태, 계절적 그리고 연령적 요인에 응해서 질병 원인에 대한 대립의 원리에 따라 긴장에는 이완, 이완에는 긴장을 가지고 치료하지 않으면 안된다는 것이다. 이것이 환자를 가장 안정시키고, 또 치료의 원리라고 히포크라테스는 주장하였다.

고대 그리스 시대에는 가장 중요한 장기(심장, 뇌, 간장)가 각각 건과 열, 습과 냉, 열과 습인 것으로 생각했기 때문에, 정상적인 건강체에서는 여분의 열과 습이 있는 것이 된다. 그러나 이 균형에는 개인차가 있고, 거기에 기질과 '안색'에도 개인차가 있다. 예를 들면 다혈질(혈색이 좋고 쾌활하며 낙천적), 점액질(조용하고 안정적이고 부정적이며 무감동), 담즙질(격하기 쉬운, 화를 잘내는), 우울질(의기소침, 슬픔, 우울)이 그것이다. 따라서 좋은 의료라고 하는 것은 환자의 자연적인 안색을 알고, 어떤 하나 또는 그 이상의 체액의 양이 일시적으로 과잉상태가 되어 있는가 아니면 부족한 상태에 있는가를 확인하고, 이 발견을 계절의 지배적인 체액과 비교하여 그것에 의해 어떻게 하면 정상적인 체액의 균형을 가장 잘

재구성할 수 있는가를 결정하는 것이다.

히포크라테스 학파의 치유 요법은 기본적인 인간에 대한 인식체계를 반영한 것으로 그것은 한 개인을 치유하는 것이지, 질병의 치료가 아니었으며 전신(全身)을 치유하는 것이었지, 신체의 어느 부분을 치료하는 것은 아니었다. 치료는 피지스(Physis, 자연치유력)인 자연 자체가 강력한 치유력을 가지고 있으며 자연력의 치유과정에서 자연을 돕는 것에 있고 자연에 무리한 힘을 가하지 않는 것이 의사의 주역할이라는 기본적인 전제에 근거를 두었던 것이다. 건강이란 체액의 조화된 혼합상태(Eukrasia, 균형상태)이며, 질병이란 잘못 혼합된 상태(Dyskrasia)라는 것이었다. 따라서 치유는 균형을 찾아가는 자연적인 것이며, 자연을 돕는 데 의사가 해야 할 가장 중요한 일은 넓은 의미로 식이법이었다.

히포크라테스의 질병에 대한 생각은 환자의 무절제한 행동과 긴장 및 기후의 영향, 혹은 환자의 신체적, 다소 유전적 체질 등으로 야기될 수 있다는 것이었다.

플라톤의 음악치유

플라톤은 이상국가를 꿈꾸며 그것은 절제를 아는 사람이 경제를 맡고, 용감한 사람이 국방을 담당하고, 지혜로운 사람이 정치를 책임지는 국가라고 생각하였다. 이를 위해 국가는 교육에 주안점을 두어야 하는데, 특히 음악과 체육에 관심을 두었다. 음악은 예술전반을 이르는 의미로 사람들의 마음에 절제의 덕을 일깨워주는 역할을 담당해야 한다고 보았다.

플라톤이 사용한 음악(music)이라는 말은 오늘날 영어가 지니고 있는 의미보다 훨씬 더 많은 뜻을 내포하고 있다. 즉 음악은 그리스 사회에서 뮤즈(Muse) 신이 주재하고 있는 예술 전반에 명칭으로 사용되었다. 플라톤이 다루었던 주요한 부분을 세밀히 살펴보면 문학과 음악이라고 불리어질 수 있는 것들이 포함되어 있다. 플라톤이 당시 진행시켰던 전체 연구주제들을 볼 때 음악은 사람의 태도를 온건하게 하고 감수성을 온화하게 하며, 자신의 취미와 가치를 판별할 수 있게 하기 위해서였음을 알 수 있다.

음악은 가사, 리듬, 하모니의 세부분으로 되어 있다고 플라톤은 말하였다. 가사는 지혜를 사랑하고 용기와 절제의 성격을 기를 수 있는 것이어야 하며, 리듬과 하모니를 통하여 가사의 내용이 정신의 내부로 파고 들어가 우아한 성격을 심어준다고 생각하였기 때문에 그는 음악을 중요한 교과로 취급하였다.

어린이에게 심어줄 음악은 슬픔이나 한탄조의 것이어서는 안되며 인내심 있고 용감한 사람의 목소리를 모방한 곡조이며 격조 높게 정리된 정신과 성격을 반영한 단순한 것이어야 한다는 것이다. 품위 있는 리듬이나 하모니는 사려 깊고 선량한 성격과 직결되어 부지중에 이성의 아름다움에 호감을 갖게 하지만 그렇지 못한 곡은 불량하고 고약한 성질을 키울 것이기 때문이라 하였다. 즉 음악을 통하여 조화된 영혼을 기를 수 있다고 믿었던 것이다.

에피쿠로스학파의 쾌락

헬레니즘 시대의 그리스 철학자이며 유물론자인 에피쿠로스의 철학의 목적은 행복의 가장 큰 장애물인 죽음의 공포를 제거함으로써 행복을 가능케하는 것이었다. 사람은 죽음이 두렵기 때문에 죽음을 늦추고자 부와 권력을 얻으려고 고군분투하고, 또 죽음의 불가피성을 잊으려고 스스로를 내던져 격정적으로 활동한다. 사람들에게 죽음에 대한 공포를 주입하는 것은 종교로, 종교는 사후에 고통과 형벌을 받을 것이라는 기대를 하게 한다. 에피쿠로스가 세계의 본질과 구조에 대한 설명을 시작한 것은 바로 죽음의 두려움을 치유하고, 종교가 제공한 공포가 다만 동화 같은 이야기일 뿐임을 보여주기 위한 것이었다.

그는 데모크리토스와는 달리 감각이 믿을 만한 정보원이라고 하여 감각론을 주장하고 감각은 그 스스로 참을 전한다고 말하면서, 오류가 생기는 것은 감각을 해석하는 방법에 잘못이 있기 때문이라고 하였다. 그리고 인식이 목적으로 하는 것은 무지나 미신에 기초한 신이나 죽음에 대한 공포에서 벗어나 행복을 얻는 것에 있다고 보았다. 그리고 그 행복이라는 것은 평정하고 자율적인 심신의 안정 상태로, 즉 '아타락시아(Ataraxia)'라 하고, 이것을 쾌락이라 칭하였다. 개인의 쾌락을 얻는 것이 인간행위의 기본 동기이며 또한 최종 목적이고, 그것이 도덕상의 선이라고 할 수 있는 가치의 기준이 된다는 윤리적 선악론을 제기하였다. 즉 '선'이란 그것이 우리마음에 들고 쾌락을 가져다주기 때문에 '선'인 것이고, '악'이란 우리 마음에 들지 않고 불쾌함을 가져다주기 때문에 '악'이라는 것이다.

고대 그리스의 퀴레네 학파의 아리스티포스는 쾌(快), 불쾌(不

快)의 감정에 기초한 개인의 행복을 그 윤리학의 출발점으로 보고, 즐거움을 즐길 수 있는 것이 인간 최고의 행복이라하여 쾌락주의를 제창했다. 그들은 즐거움이란 감정은 맹목적으로 추구하여 얻어지는 것이 아니고, 진정으로 지속적인 즐거움을 얻을 현자(賢者)에게만 주어진다고 했다. 곧 인간은 모든 괴로움에서 해방된 평정의 상태(아타락시아)를 추구하게 되는데 이 평정의 상태가 바로 쾌락이라는 것이다. 그리하여 개인에게 있어서 체험이야말로 그에게 직접적인 현재의 가치로 유용한 것, 아름다운 것, 기쁨, 선 및 정의는 순수한 개인적 감정에 따라 좌우된다는 것이다.

그러나 에피쿠로스가 추구한 쾌락은 '모든 정신적 · 육체적 고통으로부터의 해방'이었다. 특히 순간적이고 육체적인 쾌락을 추구했던 퀴레네 학파와는 달리, 에피쿠로스는 지속적이고 정적인 쾌락을 추구했다. 그래서 그는 욕구의 충족을 의미하는 쾌락과 모든 욕구가 충족되었을 때 오는 쾌락을 구분하였다. '아타락시아(Ataraxia)'란 바로 '마음이 동요되지 않고 평안한 상태'를 가리킨다고 하였다. 그가 강조한 쾌락은 감각의 탐닉이 아니라 내면의 평정으로 '욕망의 부재' 상태가 곧 쾌락이었다. 우리가 욕망의 집착에서 떠난다면, 어떠한 불행 · 재난 · 고통도 행복을 침해하지 못한다는 것이다.

이와 같이 에피쿠로스학파가 인간 영혼이 겪는 고통의 핵심에서 주목한 것은 불안이었다. 그들은 사람들이 지니고 있는 불안의 가장 치명적인 대상을 죽음, 미래, 우연으로 보았고, 인간은 고통을 회피하고 쾌락을 추구하기 마련이라는 것이다. 인간이 추구하는 쾌락은 육체적 고통과 더불어 마음의 고통이 없는 상태인데, 특히 죽음에 대한 불안으로 마음의 고통에 사로잡힌 인간에게서 알 수 있듯이 마음의 고통은 아직 도래하지 않은 미규정된 고통에 대한 막연한 두려움에서 유래한다고 보았다. 인간이 추구하는 영혼의 가장 좋은 상태는 고통에서 자유로운 마음의 평정이다. 에피쿠로스는 인간이 느끼는 마음의 고통을 대상 자체가 지니고 있는 객관적인 것이 아니라 인간 영혼이 그것에 대해 주관적으로 느끼는 결과물로 파악했다. 따라서 마음의 최고 고통인 불안을 데모크리토스의 원자론을 근거로 한 존재론적 해석을 통해 그것의 근거 없음을 역설함으로써 불안에서 자유로운 인간 영혼의 상태를 추구했다.

스토아학파의 마음의 평정

고대 철학에서 마음의 고통에 대한 주목은 주로 에피쿠로스학파나 스토아학파에서 진지하게 다루어졌다. 스토아라는 명칭은 그 학교가 있었던 장소가 스토아 포이킬레(stoa poikilē)였던 것에서 유래한다. B.C. 3세기의 키프로스(Kypros)의 제논(Zenon)에서 시작되고 뒤이어 크리시포스(Chrysippos)를 대표자로 한다. 철학을 논리학, 자연학, 윤리학의 세 부문으로 나누고, 그 중에서 윤리학에 중점을 두었다. 존재는 모두 영원히 생동하는 화기(火氣)로 이루어졌고, 이것이 법칙(로고스)에 따라 생성 변화하면서 만물의 세계가 성립한다고 하는 유물론적이면서 변증법적인 견해를 보이고 있다. 스토아학파는 거대한 자연이 질서 있게 운행되고 있는 것은 그 안에 신의 섭리가 있기 때문이라고 생각했고, 이 섭리를 '우주적 이성'이라고 하였다.

스토아 철학자들은 인간 또한 '이성 능력' 때문에 자연에 순응하며 살 수 있다고 강조했다. 그리고 우리가 육체의 쾌락이나 고통으로부터 벗어나, 마음이 휩쓸리지 않고 평화로운 상태가 될 때 행복한 삶을 살 수 있다고 하였다. 스토아 철학자 중 노예출신이었던 에픽테토스는 '마음의 자유'를 강조했는데, 육체에 어떠한 고통과 시련이 오더라도 이성의 힘으로 마음을 다스리면 자기 자신이 주인이 될 수 있다고 생각하였다. 그는 외적조건보다 내면의 정신적 자유를 강조하여 인간은 자연을 따라 살아갈 때 진정 행복해진다고 보았다.

점성술

점성술의 기원은 문명의 역사와 함께 오래되었으며 점성술과 그에 의거한 역법, 제도, 제사 체계가 가장 오래된 문명을 구성하였는데 점성술의 전파는 그대로 문명의 전파였다. 점성술은 그리스 사상보다 더 오랜 전통을 갖고 있다. 바빌로니아인들은 기원전 664년에서 562년 사이, 즉 네부카드네자르 2세(Nebuchadnezzar Ⅱ, 느부갓네살 2세라고도 함)의 통치기간에 행성의 움직임을 기록했다. 기원전 3000년경 고대 수메르왕국에서도 점성술과 관련된 기호를 발견했다는 주장도 있다. 점성술은 르네상스가 가져온 사고의 격변과 20세기 과학혁명의 와중에서도 살아남았다.

점성술은 유럽 의학사상에 매우 중요한 영향을 끼쳤다. 중세의 교회는 주술을 금지했지만, 중세의학은 주술적인 성격을 지니고 있었던 점성술을 진단과 치료에 이용했다. 점성술적 의학은 우주의 행성들이 이루는 대우주가 사람 몸 안의 소우주를 지배한다는 가정에 근거하고 있다. 이러한 생각은 예부터 전해오던 것이었으며, 믿을 만한 근거가 있는 이론으로 널리 받아들여졌다.

Ⅱ

중근세: 치유, 종교철학에 의지하다

1. 동양의 종교철학과 치유

2. 서양의 종교철학과 치유

Ⅱ. 중근세: 치유, 종교철학에 의지하다

1. 동양의 종교철학과 치유

1) 불교와 도교의 치유사상

불교의 마음치유

북인도 카필라바스타의 왕자로 태어난 고타마 싯다르타(B.C. 563?-B.C. 483?)는 화려한 장래가 약속되어 있었지만 생로병사에 대한 회의가 그로 하여금 현세의 영화를 덧없는 것으로 만들어버렸다. 그는 오랜 기간의 고행과 보리수나무 아래에서의 좌선을 통해 괴로움의 원인이 무엇인가를 터득하였다. 이렇게 탄생한 불교는 인도 최초의 통일제국 마우리아 왕조(B.C. 317-B.C. 180)의 아소카 대왕 시기 발전의 토대를 마련했고, 쿠샨 왕조(기원 전후부터 5세기 중엽까지 존재한 북서 인도에서 중앙아시아에 미치는 왕조)의 카니슈카 왕 때에 대승불교로 발전하여 동아시아 각국으로 전파되었다. 불교는 중국의 위진남북조 시대를 거쳐 동아시아 국가들의 통치이념으로 자리 잡았고, 동아시아인들의 종교 및 철학사상에 큰 영향을 미쳤다.

붓다의 근본적인 가르침은 사성제(四聖諦)에 잘 나타난다. 이 세상은 괴로움으로 가득 차 있다는 고제(苦諦), 이 고의 원인은 욕망

〈붓다의 고행상〉

과 애착 때문이라는 집제(集諦), 이 고를 소멸함으로써 해탈의 경지에 이른다는 멸제(滅諦), 해탈된 상태를 얻기 위해서는 팔정도(八正道)를 행해야 한다는 도제(道諦) 등 네 가지의 신성한 진리를 말한다.

이러한 사성제의 가르침은 오늘날 의사가 환자의 병을 치료하는 방법과 유사하다. 고(苦)는 의사가 병의 상태를 살피는 진찰의 단계이며, 집(集)은 병의 원인을 밝히는 진단의 단계를 말한다. 멸(滅)은 건강했을 때의 몸의 상태이다. 병의 원인과 건강했을 때의 몸의 상태를 파악하게 되면 병의 치료를 위한 처방을 내릴 수 있는데, 그것이 도(道)의 단계이다.

의사의 치료방법과 마찬가지로 정신적 질병인 인간의 고뇌를 치료함에 있어서도 고의 현상, 고의 원인, 고 없는 이상체, 고를 벗어나는 방법을 찾아 올바른 처방을 내리는 것이 사성제의 가르침이다. 결국 불교는 인생의 고통을 치료하는 의술인 것이다.

불교는 현실적인 심리적 괴로움 뿐만 아니라 인간 근원의 실존적 불안까지 해결하고자 한다. 즉 생사고(生死苦)라는 자신의 근본문제가 어디서 출발하고, 어떻게 하면 괴로움에서 해방되어 자유를 누리게 될 수 있는지 깨닫게 한다. 붓다의 가르침은 중생들이 겪는 괴로움이 자신의 업(業)에 의해 일어난 것이라는 점을 자각시키고, 연기(緣起)의 원리를 통해 자신을 둘러 싼 과거의 상처나 충격, 갈등과 원망, 그리고 후회 등 부정적인 감정으로부터 벗어나게 하여 마음을 정화시켜 치유한다.

따라서 불교에서는 의사가 병의 원인을 알아 치료하는 것과 같이 붓다도 의사가 되어 네 가지 덕을 성취하고, 중생의 병을 치료한다고 본다. 그렇기 때문에 대승경전인 『유마경(維摩經)』에서는 붓다를 "노병사(老病死)를 구제하는 대의왕(大醫王)"이라 하였고, 『무량의경(無量義經)』에서도 붓다를 중생의 병을 치유하는 대의왕으로 표현하였다. 붓다가 의사 가운데 가장 훌륭한 의사 즉 대의왕인 이유는 환자의 병을 보고, 약을 처방하는 의사처럼 붓다 자신이 가르침을 통해 중생들을 번뇌로부터 깨달음으로 인도하는데 있어 가장 뛰어나기 때문이었다.

오랜 역사를 통해 불교의 많은 수행자들은 다양한 수행법을 발전시켜 왔는데, 이는 불교 자체가 지니는 마음치유의 유용한 방법들이라고 할 수 있다. 특히 인도에서와는 달리 중국에서 새로이 선종(禪宗)이라는 종파가 등장하여 '간화선'(看話禪)이 유행하였으며, 이는 오늘날까지도 심리치료에도 적용되는 불교 수행법이라 할 수 있다.

중국의 선종은 달마(達磨, ?-528?)로부터 시작되어 혜능(慧能)의 남종(南宗)과 신수(神秀)의 북종(北宗)으로 갈라진 뒤, 남종의 남돈선(南頓禪)이 크게 성하였다. 선종이 유행한 것은 중국인의 사유와 의식구조의 특징이 논리적 정합성을 중요시하기보다는 직관적 사유에 익숙했기 때문이다. 간화선은 화두를 듣고 나서 좌선을 하며 깨달음을 얻으려는 참선법으로 바로 간화선이 남돈선에서 파생한 것이다. 그러한 간화선은 임제종(臨濟宗)에서 주창했으며, 특히 대혜(大慧)에 이르러 크게 일어났다. 대혜는 화두를 갖지 않은 채 모든 생각을 끊고 행하는 참선법인 묵조선(默照禪)을 사선(死禪)이라고 비판하고 간화선을 제창하였다. 간화선은 고려 시대 지눌에 의해 우리나라에 소개되었다. 지눌의 간화선은 그의 제자 혜심(慧諶)에 의해 계승, 발전되어 오늘에 이어지고 있다.

〈중국 선종의 창시자, 달마〉
달마는 중국 남북조 시기에 좌선을 통해 사상을 실천하는 새로운 불교를 강조했다.

중국에서 확립되어 우리나라에 전파된 간화선 수행과는 달리 초기 불교에서의 마음치유 수행방법으로 사마타(samatha, 止)와 위빠사나(vipassanā, 觀)를 들 수 있다. 사마타란 평온이나 고요함을 목적으로 하여 들뜨거나 흥분된 상태를 가라앉혀 집중을 계발한다는 뜻이며, 위빠사나는 내적 통찰과 지혜를 계발한다는 것이다. 사마타는 불교 탄생 이전에 널리 알려진 것이지만, 위빠사나는 붓다에 의해서 고안된 것이다. 이 두 수행법은 서로 보완 관계로 함께 병행하였다. 두 가지의 병행된 수행은, 어느 한 대상에 마음을 집중하여 고요한 상태를 얻은 후에 끊임없이 변화하며 생성, 소멸하는 대상을 있는 그대로 관찰하는 수행을 말한다. 이것은 붓다가 궁극적인 깨달음을 얻은 수행법으로서 초기 불교부터 매우 중요시되어왔다. 현재에는 주로 스리랑카, 미얀마 등 소위 남방불교(상좌부불교)의 승려들과 재가 신도들에 의해 전통이 이어지고 있다.

위빠사나 수행에서 명상의 대상은 구체적인 경험의 것을 말한다. 있는 그대로의 실상을 관찰하여 일체의 사물이 무상하고, 무아이며, 따라서 괴로움이라는 것을 직관해내는 것이 이 수행의 핵심이다. 경전에서 말하고 있는 위빠사나의 대상은 몸, 감각, 마음, 생각의 대상 등 네 가지이다. 그 어떤 경우에도 현재 순간에 일어나고 있는 하나의 현상에 마음을 집중하여 붓다가 가르친바 사물의 진실한 모습을 관찰하는 것이다. 위빠사나 수행법의 장점은 우선 일상생활을 영위하면서도 수행할 수 있다는 것이다. 오늘날에도 위빠사나는 마음챙김(sati)을 위주로 하는 사념처(四念處) 수행을 통해 일상생활에서도 널리 활용될 수 있다는 장점과 함께 마음챙김의 심리치료적 효과까지 알려지면서 일반인들에게 널리 보급되고 있다.

도교의 양생사상

도교는 기원후 2세기에 형성되어 지속적으로 발전한 동아시아의 대표적인 종교 중의 하나이다. 표면적으로는 춘추전국시대에 성립된 도가사상을 바탕으로 하고 있지만, 그 내면에는 샤머니즘과 신선사상, 그리고 여러 주술적인 측면이 복합적으로 작용하고 있으며, 현세기복적인 신앙이 강한 것이 특징이다.

도교사상은 신선사상, 도가철학, 민간신앙, 양생 수련 등 다양한 영역을 포함하여 형성되었다. 도교사상의 핵심은 심신을 잘 길러 무병장수하며 참되고 영원한 생명을 얻는 데 있다. 이러한 경지에 오른 인격을 신선이라고 부르는데, 전국시대(戰國時代)에 이미 신선에 대한 동경의식이 널리 유포되었다.

장생불사를 추구하는 도교사상은 사후세계의 영생을 추구하는 종교적 신앙에 바탕을 둔 것과도 다르며 삶과 죽음을 자연적 변화로 보고 달관하는 철학적 입장과도 다르다. 도교사상이 생명의 영원함을 추구하는 바탕에는 자연의 풍요로움을 배경으로 한 삶을 즐기는 인생관이 자리 잡고 있다고 볼 수 있다.

〈장도릉(張道陵)〉
후한 말기 사람인 장도릉이 세운 오두미도는 천사도(天師道)의 모태가 되어 중국 최대의 도교 조직이 된다.

삶을 긍정하고 즐기는 입장에서 더 나아가 도교사상에서는 궁극적 실재인 도(道)를 생(生)과 직결시켜 해석한다. 이러한 입장은 한나라 시기에 성립된 『노자상이주(老子相爾注)』부터이다. 『노자상이주』의 작자는 초기 도교인 오두미도(五斗米道)를 창시한 장도릉(張道陵)으로 추측되며 노자 『도덕경』에 대한 주석의 일종이다. 『노자상이주』에서는 생명성을 도의 본질적 속성으로 보고 있다. 죽음까지 포함하는 넓은 의미의 생이 아니라 죽음과 대비되는 생에 초점이 맞추어져 있다. 결국 장생을 통한 선인에 이르는 길을 삶의 궁극적 이상으로 제시함으로써 도를 생과 직결시키는 해석이 장생불사를 뒷받침하고 있다는 것을 보여준다.

이후 위진시대(魏晉時代)에 갈홍(葛洪)이 『포박자(抱朴子)』를 저술하여 도교적 양생법을 집대성하였다. 그는 도를 현(玄)이라 하고, 현도(玄道)와 함께 하면 불사를 얻어 무궁한 낙을 즐긴다고 하여 도를 생과 직결시키며 삶을 찬미하고 있다. 생을 중시하는 입장은 『태평경(太平經)』에서도 나타나는데, 생은 도가 있어야 유지되고 도는 생을 통해 드러난다는 관점을 제시하였다. 초기 도교 사상가들은 삶을 사랑하는 소박한 정서를 생도합일로 표현하고 있다.

〈갈홍(葛洪, 283-343?)〉
중국 진(晋)나라 때의
학자 · 도사 · 연단가(煉丹家)

도교사상에서는 인간운명의 능동적인 면을 강조하는데, 인간의 삶과 죽음이 하늘의 뜻에 달려있는 게 아니라 자신에게 있다는 능동적 운명관을 강조한다. 『포박자』의 "나의 수명이 나에게 달린 것이며 천지에 달려 있지 않으니 금단을 제조하면 억만 년을 누릴 수 있다"고 한 예에서 알 수 있다. 초기 도교 경전인 『태평경』에서도 "인명이 너 자신에게 달려 있는데 어찌 가슴을 두드리며 하늘에 호소하는가?"라며 스스로 바르게 몸을 기르지 못하면서 하늘에 기도하거나 원망하는 것은 바람직하지 못함을 강조하고 있다. 이러한 적극적 운명론은 누구나 노력하면 신선이 될 수 있다는 믿음으로 형성되어 갔다.

도교사상에서는 인간의 몸과 마음은 모두 원기(元氣)의 작용에 의한 산물로 설명되는데, 원기란 근원적인 기라는 의미로서 여기서 음양오행이 분화되고, 음양오행에서 만물이 발생했다는 것이 원기론이다. 인간을 몸과 마음으로 나눌 경우 도교적 개념은 형신(形神)이다. 형은 기가 모여 응결된 것으로 인간의 생사는 기의 모임과 흩어짐으로 설명된다. 기가 모여 형을 이루면 각각의 형에 적합한 일정한 작용이나 기능을 발휘한다. 이를 보통 신(神)이라 부른다. 인간의 정신작용이란 인간이란 형태에서 유래된 특수한 작용, 또는 기능이라고 말할 수 있다. 따라서 육체가 없는 정신을 생각할 수 없다는 것이 도교사상의 중요한 관점이다.

인간이 몸과 마음, 즉 형신의 통합체이기 때문에 형신이 분리되지 않도록 통합성을 유지하는 것이 도교의 양생에서 중요하다. 초기 도교사상에서는 관점에 따라 형을 수련하는 데 중점에 두는 이들도 있고, 신을 위주로 하는 경우도 있었다. 그 둘의 상보적 관계 아래 수련을 했다고 할 수 있다. 그리고 후기 도교 내단파의 경우는 수련법을 수성(修性)법과 수명(修命)법으로 이분화하였다. 그러나 내단파들은 공통적으로 생명을 단련시키는 방법에서는 성과 명을 일체적 관점에서 바라보았다. 즉 내단파 가운데 북종(北宗)은 주로 정신적인 해탈을 강조하며, 남종의 경우는 몸의 단련을 우선시한다.

이처럼 수련의 순서상의 차이를 보이고 있지만 초기 도교의 형신쌍수(形神雙修)적 관점이 시대의 변천과 더불어 성명쌍수(性命

雙修)라는 양생수련으로 이동했을 뿐, 도교 양생의 기본관점인 '형'과 '신', '성'과 '명', '신(神)'과 '기(氣)'를 일체시하는 것은 대체로 일치한다고 볼 수 있다. 결국 정신적인 수련과 몸의 단련을 함께 하는 것이 양생의 방법이고 양생을 통해 몸과 마음 모두 근본적 변화를 이룩할 수 있다고 보았다.

이와 함께 도교사상에서는 인간이 소천지(小天地)라는 인식을 가지고 있어 천인합일(天人合一)의 실천방법을 추구하고 있다. 소천지로서의 인간은 천지의 덕을 본받고 천지의 운행 리듬에 따라 자신의 생명활동을 조화시키는 것이 필요하다고 보았다. 천지의 덕과 하나가 되려면 천지와 같은 좋은 덕을 베푸는 것이 필요하다. 갈홍의 『포박자』에서는, 장생을 원하는 사람은 반드시 선을 쌓고 공을 세워야 한다고 하며, 다른 사람의 행운을 기뻐하고 타인의 가난함을 도와주어야 한다고 했다. 일상생활에서도 사시의 변화에 따라 생활하는 것도 중요하지만 특히 수련과정에서는 천지의 리듬에 맞춰서 수행을 해야 하며 마음가짐도 천지와 같이 무심해야 한다고 보았다. 이렇게 도교사상에서는 천지의 운행 리듬에 따르는 절도 있는 양생을 강조하였다.

도교의 양생사상은 인간의 능동적 운명관, 정신과 몸의 종합적 수련, 천인합일의 수행 등으로 현실에서의 인간의 능력을 통한 영생의 추구, 그리고 신선으로의 완성을 꿈꿨기 때문에 일반적인 상식과 배치되어 많은 비판을 받아왔다. 그렇지만 인간의 무한한 잠재력에 대한 인정과 현실에서의 주체적인 삶의 추구에 대한 의미는 오늘날 우리들의 정신건강의 방법에서 취할 점이 많다고 보겠다.

2) 성리학과 마음

유학은 불교·도교의 영향 아래 종래의 훈고학적 학풍에서 벗어나서 우주의 형성과 인성에 대해 깊이 탐구하여 치밀한 형이상학적 우주론의 이론체계를 갖춘 새로운 유학, 성리학을 이루게 되었다. 성리학의 기초를 닦은 사람은 『태극도설(太極圖說)』에서 형이상학적 우주론의 이론체계를 밝혔던 북송(北宋)의 주돈이(周敦頤)였다. 그후 성리학은 장재(張載)와 정이·정호를 비롯한 여러 유학자들의 연구에 의하여 성장해서 남송(南宋)의 주희(朱熹)에 의해 집대성되었다.

장재는 기체(氣體)와 유사한 기(氣)의 집산에 의하여 만물이 형성 소멸된다는 기일원론적 우주론을 전개하였다. 그리고 정호·정이 형제에 의하여 그 이론은 더욱 심화 발전하였다. 그들은 우주의 현상을 이루고 질서와 조화를 가져다주는 근본원리를 이(理)라고 하였다. 그리고 이와 기의 상관으로 우주를 설명하는 이기론을 주장했다. 그러나 성리학에 있어서 우주론보다 더욱 큰 비중을 차지하는 것은 인생론과 결부된 수양론이다. 특히 주목되는 것은 정호가 수양법으로 『대학』에 나오는 「치지(致知)」를 강조한 점이다. 이는 성리학의 합리주의적인 정신을 표현한 것이다.

주희는 송유(宋儒)의 설을 종합하고 체계화하여 성리학을 대성하였다. 그는 태극(太極)·무극(無極)을 이(理)에 음양·오행을 기(氣)에 해당시키고, 이를 '형이상의 도(道)', 기를 '형이하의 기(器)'로 규정하였다. 그리고 이들은 서로 떨어져서 존재할 수 없는 것으로 보았다. 특히 인성론에 있어서 그는 인간의 본성은 이를 타고난 선한 것으로 보고 이를 닦아 모든 사람이 지니고 있는 기에 유래하는 본능적인 불순한 기질의 성(性)을 억제하고 바로잡아야 한다고 하였다. 수양방법으로는 특히 성찰과 독서를 통한 덕성의 함양(存養)과 궁리(窮理)를 중요시하였다.

성리학은 마음 〔心〕 의 극단으로 치닫는 불교와 기(氣)의 극단으로 치닫는 도교를 비판하면서 마음과 기, 그리고 이(理)의 통합적 구도를 제시하였다. 마음은 성(性)과 정(情) 전체를 아우르고, 인(仁) · 의(義) · 예(禮) · 지(智)로 구성되어 있는 마음의 본체가 성이고 성이 밖으로 표현되면 정이 된다고 하였다. 이러한 성리학자들의 심성에 관한 논의는 남송(南宋) 시기 주희(朱熹)에 와서 집대성 되었다. 그 이전에는 맹자의 성선론(性善論)을 중심으로 한 심성(心性) 논의가 주류를 이루었다. 이 절에서는 맹자의 심성 논의를 중심으로 유가의 수양론과 마음치료에 대해 논하고, 성리학의 심성론에 대해 서술하고자 한다.

맹자의 마음공부와 자기 수양

유학의 심성론을 정초한 맹자는 인간의 본성을 인의(仁義)라고 규정한다. 그가 인간을 규정하는데 있어 가장 중요한 기준으로 삼은 것은 생물학적 특성이나 기능적 요소가 아니다. 바로 인간으로서 인의가 있기 때문이다. 인간의 마음을 규정하는데 있어 도덕을 기준으로 삼는 것은 서양에서 지적 능력을 기반으로 얘기하는 'mind'와는 분명한 차이를 가지고 있다. 맹자가 인간의 본성에 대

〈맹자(孟子, B.C. 372?-289?)〉

해 고자와 벌였던 논변은 마음을 '도덕심'으로 본 유학의 마음 이론이 지닌 특성을 잘 보여준다.

맹자는 인간이란 이성적 존재로서 충분히 선(善)을 행할 수 있는 존재라는 데서 그 본질을 찾았다. 인간에게는 남을 불쌍히 여기는 마음(惻隱之心), 부끄럽고 수치스럽게 생각하는 마음(羞惡之心), 남에게 양보할 줄 아는 마음(辭讓之心), 그리고 옳고 그른 것을 분별할 줄 아는 마음(是非之心) 등이 있다. 이 마음은 인간이라면 누구나 태어나면서부터 가지고 있다. 그러므로 인간은 굳이 배우거나 생각하지 않고도 도덕이 무엇인지 알 수 있으며 또한 이를 실천할 수 있다.

맹자는 인간에게 선한 본성이 있다는 사실을 '어린 아이가 우물에 들어가려는 순간 〔유자입정(孺子入井)〕'의 예로 설명한다. 어린아이가 물에 빠지려는 것을 보면 누구나 어린 아이에 대한 측은한 마음으로 그를 구하려 할 것이다. 이러한 행동을 하는 이유는 다른 사람들의 칭찬을 얻기 위한 것이 아니다. 그것은 바로 자기 자신의 견딜 수 없는 마음 때문이다. 이런 도덕적 행위는 인간이면 누구나 실천하게 된다. 이 점에서 맹자는 인간에게 이런 도덕심이 본래 구비되어 있었다고 말한다. 인간의 도덕적 행위는 도덕적 마음 즉 견딜 수 없는 마음에서 실행된 것이며, 그 밖의 어떤 조건도 필요하지 않다는 것이다. 측은지심은 수오지심, 사양지심, 시비지심 등 다른 사단지심을 설명하는 근거이며, 동시에 유학에서 인간의 '마음'을 얘기할 때 가장 중요하게 여기는 요소이다.

인간의 마음을 규정하는데 있어 도덕성을 근거로 한다는 것은 마음이 도덕성 이외에 다른 기능이나 특징이 없다는 말은 아니다. 인간의 의식은 도덕성을 띠니 사고할 수 있다. 마음의 인지적 기능은 도덕성과 별도로 그 나름의 역할을 가지고 있다. 다만 유가의 입장에서 볼 때 도덕성이 결여된 마음은 이미 사람의 마음이 아닌 것이다. 이는 사실판단이 아닌 가치판단의 문제이다. 자연과학의 세계에는 선악이 문제가 되지 않는다. 여기에서는 객관적 사실만이 중요하며, 선악과 같은 가치적 판단은 의미가 없다. 그렇지만 유가는 인간의 마음을 그러한 자연과학적 잣대로 예단할 수 없다고 본다.

똑같은 사람이라도 어떤 사람은 대인이 되고, 어떤 사람은 소인이 된다. 이러한 일이 발생하는 원인이 어디에 있는가. 이는 사람들이 자신에게 주어진 마음의 기능을 얼마나 잘 발휘하느냐에 따라 달라진다. 마음의 중요한 기능은 바로 생각하고 판단하는 것이다. 이 기능으로 인해 사람은 소인과 대인으로 나뉜다. 소인은 자신의 감각기관이나 욕망에 함몰되어 있기 때문에 일차원적인 관심 이외에 다른 영역에 대해 관심을 두지 않는다. 그리고 그 결과는 도덕적 마비나 이기주의로 나타난다. 대인은 자신의 생명 보다 인의를 더 중요시한다. 이를 가능하게 하는 것은 마음이 생각하는 기능을 가지고 있기 때문이다.

인간은 다른 사물과 마찬가지로 물질적 한계에서 자유롭지 못하지만, 자신의 의지를 통해 하늘이 자신에게 부여한 운명을 실현할 수 있는 능력을 지니고 있다. 여기에서 마음의 치료에 유가 수양론을 응용할 수 있는 계기가 마련된다. 유가 수양론의 출발은 자기자신에서 비롯된다. 공자는 "인(仁)이 멀리 있는가? 내가 인을 하고자 하면 바로 인이 이른다"(『논어』「술이」)고 말한다. 이는 인의 실현과 책임이 외부에 있는 것이 아니라, 내 자신에 내재되어 있다는 유학의 기본 입장을 한 마디로 표현한 것이다. 유학을 '자신을 위한 공부〔爲己之學〕'라고 일컫는 이유가 여기에 있다. 맹자는 이러한 공자의 자각설을 계승하여 유가 수양론의 기초를 확립한다. 맹자의 수양론을 한마디로 요약하자면, "잃어버린 마음을 찾아 들이는 것〔求放心〕"이다.

인(仁)은 사람의 마음이며, 의(義)는 인간이 당연히 지켜야 할 길이다. '인의'는 세상을 살아가는데 있어서의 도리이다. 이에 따라 행하면 바르고 마땅한 삶을 살아간다. 그렇지 않으면 사람들은 가야할 길에서 벗어나 엉뚱한 길을 가게 된다. 그러므로 사람은 항상 자신이 가고 있는 길에 대해 항상 주의하고 반성해야만 하는 것이다. 본심을 잃어버리고도 구할 줄 모르는 것은 사람을 사람답게 하는 본질을 잃어버린 것과 매한가지이다.

마음의 확보는 자기실현을 위한 가장 기본적인 근거이다. 자신의 마음을 지키고 배양하는 것은 곧 하늘과 인간이 합일할 수 있는 토대이기도 하다. 맹자는 "마음을 지키고 성품을 기르는 것은 곧 하늘을 섬기는 방법이다"(『맹자』「진심(盡心)」)고 말한다. 마음을 지키고 기르는 방법은 그 내용에 따라 소극적인 방법과 적극적인 방법으로 나눌 수 있다. 마음 자체를 안정시켜 스스로 성장하게 함으로써 외부로부터 오는 유혹이나 욕망을 막는 것은 소극적인 방법이다. 이에 대해 마음이 나아가야 할 방향을 밝혀 마음의 배양을 도와주는 것은 적극적인 방법이라고 할 수 있다. 마음을 지키는 소극적 방법의 가장 대표적인 것은 '욕심을 줄이는 것〔寡慾〕'이다.

욕심을 줄인다고 하는 것은 자신의 욕망을 줄여 마음의 동요를 막는 방법이다. 욕심을 적게 하는 것은 유가 수양론의 핵심 방법 중의 하나이다. 이는 맹자뿐만 아니라 논어의 「안연」장에서도 확인할 수 있다. 세속의 유혹과 육체의 욕망으로부터 벗어나는 방법으로 '욕심을 줄이는 것'만한 것이 드문 것이다. 이와 대비되는 적극적인 방법으로는 마음의 배양을 꾀하는 것으로 '호연지기(浩然之氣)'를 기르는 것이다.

호연지기는 곧 천지간에 거리낌이 없는 마음으로 본래의 순수함을 유지하고 있는 기운이다. 이 기운은 곧 하늘의 뜻과도 통한다. 그러므로 이를 잘 지키고, 확충해 나간다면 세속의 욕망에 굴복하지 않는 힘을 가지게 된다. 맹자가 그린 '대장부'의 모습이 그러하다. 자신의 마음을 충실하게 기른 사람에게 부귀와 권력은 큰 유혹의 대상이 되지 못한다. 그렇지만 일반 사람들에게 이는 결코 쉬운 경지가 아니다. 유가에서 부단한 수양을 이야기하는 이유도 여기에 있을 것이다.

유학에서 인간은 그 스스로의 자각을 통해 자신의 본성을 깨닫고 이를 실천한다. 이 작업은 온전히 자신의 몫이며, 거기에 신이나 운명과 같은 어떤 외부의 요인에 의존하지 않는다. 그들이 아픔과 고난을 견뎌내는 이유는 오직 외부의 어떤 유혹이나 강요에 굴복하지 않는 인간 본연의 의무감 때문이다. 유가 수양론이 지닌 치료적 요소가 여기에서 부각된다.

성리학의 심성론(心性論)

성리학자들의 심성에 관한 논의는 송나라 시기 주희에 와서 집대성 되었다. 그 이전에 맹자의 성선론을 중심으로 한 심성 논의가 그 주류를 이루었다. 주희에게 성(性)은 사람이 받은 천리(天理)이고 천도(天道)는 천리 자연의 본체인데, 그 내용은 실제로 하나의 이(理)라고 하였다. 그는 성이 순수한 지선(至善)인데, 사람의 본성은 이와 기로써 이루어지지만 기를 떠나 이가 존재하지 않기 때문에 성을 '본연지성(本然之性)'과 '기질지성(氣質之性)'으로 나눈다.

따라서 본연지성에 의하여 사람이라고 하는 보편성이 입증되고 기질에 의한 여러 가지 한정에 의하여 천차만별의 개별성이 주어진다. 사람이 기를 받았을 때 선천적인 기질의 제약에 의해 성현과 범우의 구별이 주어지는데 이것을 극복하고 본연지성을 발현시키는 곳에 주희의 도덕설 내지는 수양론의 본질이 있다.

주희는 본연지성의 내용을 인(仁), 의(義), 예(禮), 지(知)의 사덕(四德)으로 표현했다. 이러한 사덕이 인간에 있어 어떻게 구체적으로 발현되는가에 있어서 심(心) · 성(性) · 정(情)의 문제가 생긴다. 주희는 성이 심의 이(理)이고, 정은 심의 동(動)이고, 심은 성 · 정의 주(主)라고 규정하고 있어 정을 성의 발현태로 본다. 결국 심이 정과 성을 주재하여 총괄하는 작용을 가진다. 사덕에 대해서 말하자면, 인·의·예·지는 성이지만 그것이 발현되는 맹자의 사단(四端) 즉, 측은·수오·사양·시비의 마음은 정이 된다. 정은 사단 이외에 칠정(七情)이라는 희(喜)·노(怒)·애(哀)·구(懼)·애(愛)·오(惡)·욕(欲)도 포함한다. 따라서 성·정을 통괄하는 심의 존재가 실천적 도덕론의 중심 과제가 된다.

〈주희(朱熹, 1130-1200)〉

주희는 심에 대해 말하기를, 이에서 지각하는 것이 도심(道心)이고, 사욕에서 지각하는 것이 인심(人心)이라고 하여 심을 도심과 인심으로 나누었다. 즉 심의 지각이 성의 본체를 계기로 하여 발현하는 측면을 도심이라고 하고, 현실의 육체적인 욕구라든가 감각을 계기로 하여 발현하는 측면을 인심이라고 하였다.

주희는 도심을 천리(天理)로 보았다. 하지만 인심을 인욕과 동일시하지는 않았다. 인심을 인욕에 의해 촉발되는 지각일 뿐이다. 따라서 인욕은 부정해야 할 성질의 것이며, 천리와는 모순되는 존재이다. 주희는 사람의 마음에서 천리가 있으면 인욕이 없어지고, 인욕이 이기면 천리가 없어진다고 하였다. 여기에서 천리를 보존하고 인욕을 제거하는 공부가 문제된다. 그 실제적인 방법으로 제시된 것이 주희의 거경궁리(居敬窮理)다.

주희는 격물치지를 강조하여 현실적 인간은 사물의 이를 탐구하여 이를 자신에게 보태야 완성될 수 있다는 것이다. 그러나 한편으로 사물의 이를 탐구함에 앞서 경건함이 요청된다. 수기치인(修己治人)을 목표로 하는 유학에서는 객관적 사물의 이를 추구하는 것은 단순한 지식의 축적에 불과하기 때문이다. 단순한 지식축적은 마음을 밝히고 인격을 연마하는 데로 전환되지 못한다. 그러므로 경(敬)이 요구된다.

거경과 궁리를 내외 측면에서 말하면 거경은 내적 수양이요 궁리는 외적 탐구방법이다. 경은 주일무적(主一無適) 즉 정신을 한 가지 일에 집중하고 물욕이 정신을 착란치 못하게 하는 것이다. 이것은 『주역』에서 경으로써 안을 곧게 하고 의로써 밖을 바르게 하는 것을 뜻한다. 그런데 주희의 거경궁리설은 그의 성즉리(性卽理) 체계를 바탕으로 하고 있다. 성즉리설에 따르면 만물 속에는 태극으로서의 이(理)가 내재하는데 인간 안에서의 이는 성이 된다. 그러나 현실에서 신체를 가진 인간은 이와 함께 기(氣)의 요소를 갖고 있다. 즉 현실적 인간의 성은 이로서의 성인 본연지성(本然之性)과 기의 요소를 갖춘 기질지성(氣質之性)으로 이해된다.

본연지성은 그대로 완전하여 천리(天理)이지만 기질지성은 불완전한 상태에 놓여 있는 것이다. 본연지성은 선하지만 기질지성은 선할 수도 악할 수도 있다. 이 기질지성을 회복하여 본연지성과 일치시키는 방법으로써 주희는 거경과 궁리를 말하고 있다. 현실적으로 인간은 불완전하므로 객관적 이를 탐구하여야 하며 외물과 접촉에 의해서도 정이나 욕심이 발동되지 않도록 경건하여야 한다는 것이다.

이렇게 성리학은 이(理)를 깨닫는 방법으로 격물치지를 강조했는데, 그 궁구하는 대상이 자신의 외부세계였다. 그러나 양명학에서는 자기의 외부세계가 아닌 자기 내부로 관심을 돌려 자기 안에 존재하는 심(心)이 곧 이(理)라 하고, 심을 깨달아 양지(良知)에 이름으로써 성인이 된다고 하였다.

한국의 유학에 있어서도 마음의 문제는 커다란 관심의 대상이었다. 특히, 퇴계와 율곡을 시조로 하는 영남학파와 기호학파는 마음의 문제인 심성론을 끊임없이 논의의 주제로 삼았다. 퇴계·율곡에 있어서도 심성론은 매우 중요한 논제였는데, 이기심성론(理氣心性論)과 사단칠정론(四端七情論) 그리고 인심도심설(人心道心說) 등의 주장은 그들의 수많은 서신과 저술에 담겨 있다. 또한, 후일 양명학의 태두인 정제두(鄭齊斗)의 양명학적 심성설은 실학·서학과 관련한 한국 근대사상의 전개에 크게 영향을 주었으며, 조선 후기 실학자 정약용은 경학(經學)·도학(道學), 그리고 서학에 연관된 독특한 심설(心說)을 전개하여 동서사상의 관계와 실학사상을 연결시키려 하였다.

실학자들의 마음에 대한 시각은 일반적으로 성리학파의 학문태도와 차이를 보여준다. 박세당(朴世堂)은 "도(道)는 각자의 도를 따름으로써 생기는 것이지, 태어날 때부터 마음속에 갖추어 있는 것은 아니다"라고 했다. 이 말은 주희의 이론을 반박하는 것이다. 주자는 도를 선천적으로 인간이나 사물이 공통적으로 가지고 있는 것이라 보았는데 반해 박세당은 사람들 각자의 개성에 따라 다르다고 하였다. 그는 도가 선천적으로 가지고 있는 보편성이 아니라 후천적이며 경험적인 것이라고 보았다.

정약용은 "성(性)이란 기호(嗜好)다. 육체의 기호가 있는가 하면 심지(心知)의 기호가 있다. 이것을 성이라 한다"라고 주장하였다. 이것은 주리론이나 주기론으로도 해석할 수 없는 독특한 시각이다. 다시 말하면 사람들 스스로가 가지고 있는 각각의 개성으로 해석할 수 있다. 이렇게 실학파는 마음의 문제에 대해 성리학과는 다른 독특한 시각을 전개하였다.

마음의 문제는 우리나라의 동양의학에 새로운 영향을 주었는데, 이것이 곧 동양의학 '사상론(四象論)'으로, 이제마(李濟馬)에 의해 제안된 새로운 의론이다. 이제마는 원래 성리학자로 유의(儒醫)였다. 이제마는 타고난 총명성으로 일찍이 경서를 통독하고 역경에도 밝았는데, 15세기경에 가출하여 각지를 주유하면서 견문을 넓히고 30세 전후에 학문의 성취를 이룬 것으로 보고 있다.

〈이제마(李濟馬, 1837-1900)〉

그는 전국을 돌아다니면서 이름 있는 의학자나 유학자를 찾아서 배움에 힘쓰는 과정에서, 심성을 중심으로 하는 인간학인 사상인(四象人)을 창안하여 마음이 중시되는 심신의학적(心身醫學的)인 사상(四象) 의학을 제안하였다.

3) 퇴계와 율곡의 마음치료

고려 말에 들어온 성리학은 조선 시대에 숭유억불의 정책 아래 새로운 유학으로 등장하였다. 이에 따라 마음을 바라보는 생각도 불교와는 다르게 나타났다. 정도전은 이(理) 개념으로 불교의 심(心) 개념을 극복하고자 하였고, 권근은 이(理)와 기(氣), 심과 성(性), 정(情)과 의(意), 사단(四端)과 칠정(七情) 등의 개념체계로 마음을 설명하고자 하였다. 그러나 조선시대 마음에 대해 본격적으로 주목한 것은 퇴계와 율곡 이후라고 할 수 있다.

퇴계의 명상 치료

이황은 주희 사상의 도덕론의 측면에 주목하여 철저하게 이의 능동적 성격을 강조하였다. 그는 이와 기의 관계를 엄격히 구분하여 이·기를 귀천(貴賤)의 관계로까지 보았다.

〈이황(李滉, 1501-1570)〉

이황의 이러한 이기론은 그의 심성론에도 관련되어 있다. 이황은 이를 이성의 작용, 기를 감성의 작용으로 보아 사단(四端)과 칠정(七情)을 각각 이·기에 넣어 설명하였다. 이것을 증명하기 위하여 이황은 인심·도심의 대립적 관계를 인용하였다. 이와 기를 귀천 관계로 보는 것도 이를 정신적 존재, 기를 감성적 존재로 보았기 때문이다. 이것이 도덕론을 바탕으로 하는 이황의 이기론의 특징이다.

이황은 이를 이성이라고 봄으로써 능동적 성격의 것으로 파악하여 이것을 사단에 직결시키고, 이를 칠정과 엄밀히 분리하지 않으면 도덕적 실천의 근거가 애매하게 된다고 보았다. 이황의 이러한 심성론은 수양론에서 '거경(居敬)'의 중시로 나타난다. 이황은 마음공부의 방법으로 거경궁리를 제시했는데, 사물의 이치를 생각하여 밝혀 터득하는 '궁리'를 하기에 앞서 마음을 경건하고 정숙한 상태로 바로 잡는 '거경'이 일단 선행되어야 함을 강조한 것이다.

마음의 본래 모습을 그대로 간직하여 지키려는 방법으로서 가장 중요한 것이 바로 경의 실천이다. 마음의 작용 속에서 본래 모습과 은폐 모습을 세밀하게 살펴 은폐 요소를 제거하는 것이 성찰(省察)의 과제라면 마음의 본래 모습을 지켜서 기르는 것은 존양(存養)의 과제로서 고요할 때의 존양과 발동할 때의 성찰은 마음을 지켜 가는 기본방법이다. 그리고 존양과 성찰은 모두 마음의 본래 모습을 한결같이 지키는 방법이다. 이것이 바로 경의 과제인 것이다.

마음은 본래 분열되지 않는 통일체로서 경은 이러한 본래의 마음을 한결같이 집중하는 태도이다. 이황은 『성학십도(聖學十圖)』「경재잠(敬齋箴)」에서 "일이 두 가지라고 마음을 두 갈래로 내지

말고, 일이 세 가지라고 마음을 세 갈래로 내지 마라. 마음을 오로지 한결같이 하여 만 가지 변화를 살펴야 한다. 여기에 종사하는 것을 '경을 지닌다'고 한다" 하여 경이 마음을 한결같이 집중시켜주는 것이라고 하였다.

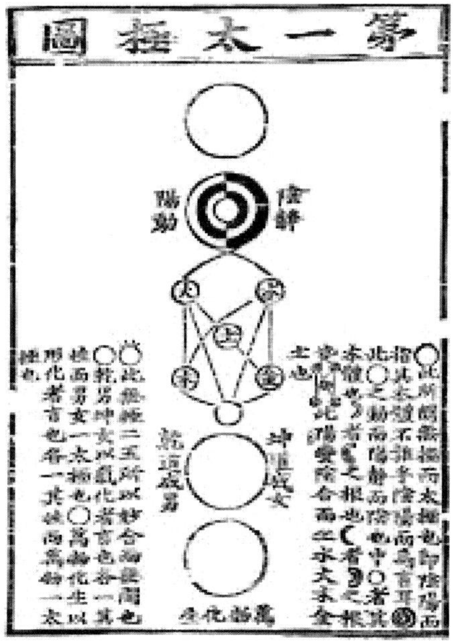

〈성학십도 중 태극도〉

이황은 마음을 다스리는 방법으로 유가 명상법을 제시했는데, 명나라 주권(朱權)의 『구선활인심법(臞僊活人心法)』을 새로이 편집한 『활인심방(活人心方)』을 통해 그의 '거경' 수행의 방법으로 제시했다. 『활인심방』은 본래 2권으로 이루어져 있다. 상권은 주로 양생법에 대해 다루고 있고, 하권은 도교의 비결을 모아 놓은 것이다. 주자학 이외의 학설을 엄격하게 배격했던 조선조에서 대표적인 유학자 퇴계가 도교 계열의 책을 중시한 것은 특이한 일이 아닐 수 없다. 이는 「구선활인심법」이 비록 양생을 위한 책이지만 그 요체가 사람의 마음에 있기 때문일 것이다.

주권은 사람에게 질병이 생기는 이유는 그것이 정신적이든 육체적이든 모두 그 마음에 그 원인이 있다고 보았다. 그러므로 그 마음을 다스려 본래의 생명력을 회복하는 것을 치료의 근본으로 삼았다. 그의 이러한 태도는 마음 다스리기를 중심에 둔다는 점에서 성리학의 공부론과도 통하는 것이다. 퇴계가 이를 필사하고 매일 실천에 옮긴 것도 모두 이러한 이유에서일 것이다.

『활인심방』에서 병은 미리 예방하는 것이 최선이라고 말한다. 이미 병증에 나타난 상태에서 치료를 논하는 것은 하급의 의원들이나 하는 일이라는 것이다. 모든 병의 근원이 마음에 있으니, 예방의 요체는 마음을 잘 다스리는 일이다. 그 중에서도 자신의 감정을 잘 다스리는 일은 매우 중요하다. 자신의 마음을 차분히 정리하고, 나 자신과 천지 만물이 본래 하나임을 깨달으면 일체의 의혹과 잡념이 사라진다. 이런 상태의 마음에선 어떤 질병도 침범해 올 수 없으며, 또한 병에 걸렸다 하더라도 쉽게 회복할 수 있게 된다. 그런 의미에서 『활인심방』은 병이 낫고 오래 사는 것은 부수적이며, 가장 중요한 것은 수양이라고 보았다. 내 마음을 닦고, 내 안의 생명력을 키우는 것이 관건인 것이다.

퇴계가 매일 실시했다고 전해지는 '도인기공술(導引氣功術)'은 전통적인 동양 기공술의 형태를 띠고 있다. 동양 기공술의 특색은 외적 동작보다는 내면의 세계를 중시한다는 데 있다. 『주역』의 간괘(艮卦)에서 그 유래를 확인할 수 있듯, 동양의 명상 수련법은 차분하게 앉아 외부 대상을 향한 감정을 멈추고 마음을 비우는 것을 중시한다. 퇴계 역시 마음을 고요하게 가라앉히는 정좌법에 주목한다. '도인기공술'의 시작은 '그 마음을 고용하게 하여', 마음 깊숙한 곳에서 치밀어 오르는 생명력을 느끼는 것에서 출발한다. 그리

〈활인심방 체조 중의 일부분〉

고 그 마무리 또한 다시 '고요히 눈을 감고 단전으로부터 서서히 솟구쳐 오르는 생명력을 조용히 기다리는 것'으로 끝난다. 이 점에서 '도인기공술'의 정좌법은 우리가 일반적으로 알고 있는 명상법과 별반 차이가 없다. 다만 이 정좌법을 통해 퇴계가 목표로 하는 경지는 불교나 도가의 그것과는 내용면에서 상당히 다르다.

외형적으로 별반 차이가 없어 보이는 퇴계의 명상법과 불교 명상법이 다른 가장 큰 이유는 허(虛)와 유무(有無)에 대한 양자의 입장 차이에 있다. 조용히 앉아 마음을 가라앉히면 마음은 텅 빈 상태에 도달한다. 이 텅 빈 상태를 불교나 도가에서는 '공(空)'이나 '허(虛)'로 본다. 즉 비어있으니 '없는 것'이라는 것이다. 이에 비해 유학은 그것을 비었으나 '있는 것'으로 본다. 불교나 도가는 고요하니 '소멸'되었다고 보는 반면, 유학은 고요하지만 '감응(感應)'한다고 보는 것이다. 이는 불교나 도가가 인간의 마음을 허상으로 보는 데 반해, 유학에선 이 마음이 곧 천지 만물의 이치를 담고 있는 것으로 보는 인식에서 비롯된 것이다. 유가 명상법이 목표로 하는 것은 마음의 허령함을 자각하는 데서 그치지 않고 여기에서 더 나아가 그 안에 내재되어 있는 천리를 올바로 드러내기 위함이다. 이 점에서 이는 퇴계가 강조했던 '경(敬)' 공부와 별개의 것이 아니다.

퇴계는 '경'이 성학(聖學)의 시작과 끝이라고 말하였다. 경은 마음을 통제하여 안으로는 심성의 도덕적 바탕을 배양하며, 밖으로는 악이 드러날 수 있는 행동 가능성을 억제하는 수양의 제일 원리이다. 경의 원리에 따라 인간의 마음에 깃들어 있는 하늘의 이치를 지키고 이를 실현하는 마음공부는 퇴계에게 있어 도학의 출발점이며 동시에 목표인 셈이다. 경을 통해 조용히 앉아있을 때와 활동할 때의 마음이 일관되며, 안과 밖이 서로 일치되는 몸가짐을 습관화하는 것이 퇴계가 강조하는 공부였다. 경 공부가 체화되면 그 사람은 자연스럽게 안팎에서 발생하는 사건과 사물에 적절히 대응하는 행동 유형을 계발할 수 있다. 이를 위해선 무엇보다도 마음에 주의를 기울이고 마음 속 깊은 곳에서 움직이는 '기미'를 항상 잘 파악하고 있어야 한다. 퇴계가 『활인심방』을 중시하고, 이를 매일 실천에 옮긴 것도 그의 경을 위주로 한 공부론과도 밀접한 연관이 있다고 할 수 있다.

율곡과 기질의 교정

율곡은 주희의 이기론을 기초로 서경덕의 기철학과 퇴계의 이철학을 비판하였다. 율곡은 이와 기의 관계가 다른 것이 아니라 하나이면서도 둘이고, 둘이면서도 하나인 관계로 이의 가치와 기의 가치가 서로 보충하여 완전한 관계로 잘 어울리는 것이라고 했다. 그

〈이이(李珥, 1536-1584)〉

는 이는 기가 있어야 존재할 수 있고, 기는 이가 있어야 존재할 수 있다고 하여 사물의 본체는 기에 의해 움직인다고 생각했다. 이러한 생각은 율곡의 기본적인 사상과 이론이 되며, 이를 바탕으로 실제를 중시하는 배경으로 발전된다. 후에 정치 · 경제 · 국방 · 교육 등 사회 개혁사상과 조선 후기 실학사상 형성에 영향을 주었다.

율곡이 살았던 16세기 시대는 사회 · 경제 · 정치적으로 어지럽고 질서가 없던 때로서 율곡은 사회개혁에 많은 관심을 가졌다. 왕과 사회지도층에서 백성에 이르기까지 교육을 통해 인간이 가지고 있는 본래의 마음을 이전상태로 돌이켜 원래의 상태를 되찾아 인간의 기질을 변화시킬 수 있을 뿐만 아니라 사회를 변화시키고 개혁할 수 있다고 보았다. 이 같은 생각은 유가의 수기치인(修己治人)으로 나타난다. 자기 몸을 잘 닦아야 남을 다스릴 수 있다는 것이다.

율곡은 수기의 최종적인 목표가 성인의 경지에 도달하는 것으로 본다. 또한 율곡이 제시하는 기의 범주는 충분히 변화될 수 있는 것으로 수기를 통해 불완전한 기를 본래의 상태로 교정할 수 있다고 생각한다. 그래서 그는 기를 회복하라고 하지 않고, 기질을 교정하라고 한 것이다. 율곡은 기질의 변화가능성을 마음에서 찾았다. 즉 율곡은 기의 정상으로서의 마음은 격물궁리를 통하여 기질을 교정할 수 있다고 보았다.

율곡은 심을 이와 기의 합으로 이해하였다. 심이 지각할 때에 알 수 있고 깨달을 수 있는 것은 기이고, 아는 근거와 깨닫는 근거는 이이다. '마음의 지각은 기인가 이인가'라는 물음에 대해 율곡의 대답은 마음이 이기의 합이므로 마음이 일어나는 정도 또한 이와 기에 의해 설명된다. 따라서 기가 아니면 발할 수 없고, 이가 아니면 발한 근거가 없다.

율곡은 마음이 이와 기의 합이라고 보았지만, 마음을 성과 대립해서 말할 때는 성은 이, 마음은 기라고 보았다. 그가 기본적으로 마음을 이와 기의 합으로 이해했으면서도, 마음을 기라고 규정한 것은 마음의 능동성 내지는 주재성을 강조하려는 의도가 있었다.

율곡은 마음을 기르는 것 〔양심(養心)〕과 기를 기르는 것 〔양기(養氣)〕을 동일한 것으로 보았다. 그것은 마음과 기를 일치시키기 때문에 가능하다. 이것은 수양을 통해서 호연지기를 회복하여 천인합일의 경지를 추구하는 것이다.

수양론이 목표로 삼는 기질의 변화란 결국 존양·성찰, 거경·함양, 격물·궁리 등의 공부를 통하여 기질에서 비롯되는 편벽된 경향성(성향, 성능, 습관)을 극복하거나 개선하는 일을 말한다. 율곡의 기질 교정은 유가 심성론의 기본문제인 "천리를 보존하고 인욕을 제거한다(存天理 去人欲)"를 중심으로 제출되었다. 도덕적 행위의 주체인 기질의 교정은 율곡학에 있어서 가장 핵심적인 것이었다. 기질의 교정은 인간 본성에 관한 정당화 작업이자, 악의 문제를 어떻게 해결할 것인가라는 논의이다. 인간의 본성에 대한 논의에서 중점적 대상은 현실을 긍정하고 현실 속에서 가치를 실현하고자 노력하는 학설들이다. 현실을 긍정하는 학자들에게는 무엇이 선이고 무엇이 악이고, 인간이 선을 실현할 수 있는 근거는 무엇이며, 악을 행하는 이유는 무엇인가에 대한 설명이 가장 기본적인 문제가 된다. 그들은 이 문제의 해결을 인간의 본성에 대한 이해로부터 시작한다.

율곡은 사람의 병통을 진단하건대, 첫째는 혈기(血氣)의 병, 둘째는 지기(志氣)의 병으로 보고 있다. 율곡은 혈기의 병은 의원에게 묻고 약물을 구하여 외물(外物)을 가지고 치료하는 것이고, 지기의 병은 스스로 깨닫고 스스로 수양하여 내심(內心)으로 다스리라고 주문한다. 외물을 가지고 다스리는 것은 주권(主權)이 타인에게 있고, 내심으로 다스리는 것은 주권이 나에게 있다는 것이다. 그 처방으로 율곡은 수양책을 제시한다.

율곡은 "게으른 것이 병이 됨을 알면 부지런하고 독실함으로써 치료하며, 욕망이 병이 됨을 알면 이치를 따름으로써 치료하고, 몸을 엄격하게 검속하지 못함이 병이 됨을 알면 엄숙하고 장중함으로써 치료하며, 생각이 어지럽게 흩어짐이 병이 됨을 알면 한결같이 집중함으로써 치료하는 것이다. 병이 비록 나에게 있지만 약을 밖에서 구하지 않는다"라 한 것도 마음의 판단능력이 능동적으로 마음의 병을 치료하게 되는 것임을 보여 준다. 이치의 인식을 통해 올바른 기준이 찾아지고, 이에 대한 사려에서 얻은 확신이 의지로 나타나면 마음은 욕망의 물질적 집착이나 사사로움의 개인적 폐쇄성에서 벗어나 본래의 마음을 확충해 가서 넓고 멀리 이르게 되어 온전하게 큰 인격을 실현할 수 있는 것이다.

율곡은 수기의 최종적인 목표가 성인의 경지에 도달하는 것으로 보았다. 율곡의 성리학 체계 속에서 설정된 학문의 궁극적 목표는 '기질(氣質)의 변화를 통해 성선(性善) 〔천리(天理)〕 을 자각'함으로써 이른바, 성학(聖學)을 완성하는데 있다. 성리학에서 '수양'이란 주체의 자발적인 노력에 의하여 자신의 기질을 변화시켜 공정 · 무사한 마음씨를 확보하려는 일을 말한다.

인간이 기질을 교정하여 선을 실천하는 것은 쉬운 일이 아니다. 따라서 동양철학에서는 수양공부론의 철학적 성찰이 이루어졌다고 할 수 있다. 기질을 교정한다는 것은 우리 마음의 본체인 본성을 회복하는 것이다. 기질의 교정은 기질의 부정함을 극복하거나 전환시키는 것을 말한다. 사리사욕에 의해서 우리의 본성이나 주체가 가려지지 않고 항상 실현되게 하는 노력이 기질을 교정하는 율곡의 치료라고 할 수 있다.

4) 성리학과 한의학

심(心)의 인식과 마음병의 치료

한의학에서는 유학의 이론을 받아들여 심을 오장의 하나로 보면서 보다 근원적인 심과는 구별을 한다. 전자를 상화(相火), 후자를 (君火)로 구분하였다. 그러나 송나라 시기에 들어와 성리학이 나타나면서 유학자들은 심을 재해석하기에 이른다. 그들은 심이 이(理)와 기(氣)로 이루어졌다고 본다. 이는 도덕법칙과 원리로 인의예지

신(仁義禮智信)이라고 하는 본성이 우리의 마음에 갖추어져 있다고 본다.

성리학자들은 심을 물질적인 것과 정신적인 것으로 나누어 물질적인 심은 한의학에서 다루고 정신적인 심은 성리학의 영역으로 삼는다. 정신적인 심은 본성과 감정, 의지 등을 포괄한다. 따라서 감정이나 의지도 장부와 연결시켜서 설명하지 않고 심에서 나오는 것으로 설명한다.

한나라 시기의 한의학에서는 감각기관도 내부의 장부와 연결시킨다. 도덕과 감정, 정신활동도 내부의 장부와 연결시킨다. 다섯 도덕성인 인의예지신은 간(肝), 폐(肺), 심(心), 신(腎), 비(脾)와 연결되며, 감정인 노희사우공(怒喜思憂恐)은 간(肝), 심(心), 비(脾), 폐(肺), 신(腎)으로 연결시켰다. 당시 한의학에서 심은 물질과 정신이 함께 존재하는 것을 설명하였다. 혈을 생산하는 심은 물질적이고, 정신적인 활동을 하는 것으로 심을 설명했다. 『황제내경』「영란비전론」에 "심은 군주의 기관으로 신명이 여기서 나온다"라고 하여 정신적인 부분의 심을 말하고 있다. 그런데 여기서의 심이 모든 정신적인 작용을 하는 것은 아니고 심이 중심적인 역할을 하고 각각의 장부에서도 정신적인 작용이 이루어지고 있다. 물론 심에 대한 이해가 성리학과 같이 정신활동이 심에서 이루어지는 것을 설명하는 것은 아니다.

이후 성리학의 영향을 받아 금원대(金元代) 이후로 한의학에서는 심의 정신적 측면을 강조하였다. 심과 정신활동 사이의 관계에서 정신활동이 장부와 기계적으로 대응하는 것이 아니라 심신(心

神)이 주도하는 상호협조적인 장부의 기능 활동으로 이해되었다. 그러나 한의학에서 심의 정신적인 측면은 강조하지만 도덕적인 측면은 설명하지 않는다. 도덕은 바로 철학의 영역이기 때문이다. 화(火)에 대한 설명에서 이러한 성격이 잘 드러난다. 심을 상징하는 화를 성리학에서는 지혜의 불길로 해석하고 한의학에서는 생명의 불길로 해석한다. 원나라의 유명한 한의학자 주진형은 물질적인 상화가 제멋대로 움직이기 때문에 사람이 병에 걸리고 죽게 된다고 주장한다. 그리하여 상화의 움직임을 적절히 통제해야 병에 걸리지 않고 건강한 삶을 누릴 수 있다.

주진형은 원대 성리학자 허겸(許謙)의 제자이다. 그 역시 성리학의 영향을 받아 상화가 군화를 벗어나는 것을 인심이 도심을 벗어나는 것으로 해석하였다. 그는 물질적인 심의 운동을 적절히 제어하는 방법으로 유가적인 수양법을 제시했다. 그러나 이러한 사고는 도덕적인 주체가 되기 위한 적극적인 방법을 설명하는 것은 아니고 신체의 움직임으로 질병을 예방하고자 하는 것이 더욱 강하다고 할 것이다.

여하튼 성리학은 심에 대한 정신적인 분석을 심도 있게 진행하였기 때문에 금원대 이후 한의학에서도 이러한 영향을 받아 심의 정신적인 측면을 보다 강조하였다. 이러한 측면은 심의 병에 대한 설명에서도 정신적인 치료를 하는 것으로 나타난다.

성리학에서 추구하는 도덕적인 주체는 즐거워야 한다. 도덕적인 행위를 의무감 때문에 억지로 하는 것은 위선적인 자아가 될 뿐이며 그것은 자아의 분열을 의미한다. 정호·정이 형제는 성현은 마음의 질병으로 피해입지 않는다며 도덕적인 자아 완성의 의미를 강조했다. 그들에 따르면, 옛날부터 성인이 도를 배움으로써 마음의 병에 걸렸다는 것을 들은 적이 없다고 했다. 자아의 분열은 욕망과 감정의 자아와 이를 막고자 하는 자아로 나뉜다. 이러한 자아의 분열은 곧 마음의 병이 된다.

성리학자들은 도덕적인 자아가 짧은 기간 안에 이루어지기 어렵다고 하여 어려서부터 교육을 통해 자아를 길러야 한다고 주장한다. 그들은 어려서부터 소양 교육을 통해 무엇이 올바르고 무엇이 그른지 판단할 줄 아는 기준이 몸에 배이게 될 때 자아의 분열은 일어날 수 없다고 한다. 도덕적인 자아를 소양하는 끊임없는 교육과 자기 수양을 통해 자아의 분열을 막고 성인군자가 되고자 하는 것이 성리학의 목적이기도 했다.

한의학에서는 금원 시기에 이르러 정신병에 대한 연구가 활발해졌다. 감정이 심과 연결되는 문제에서 정신병에 대한 관심으로 이어졌다. 물론 현대 정신분석학으로 발전하지는 못하고 생리적인 치료법을 보조하는 것에 불과하였다. 금원 시기의 한의학자들은 감정의 움직임이 생리적인 변화를 일으킨다고 주장했다. 정신이 병을 만들어 낸다면 역으로 정신에 의해 병을 퇴치할 수도 있다고 생각했다. 그들은 분노가 병을 발생시키기도 하면서 병을 낳게한다고 한다. 이러한 사고는 감정의 상생 · 상극 관계를 응용하는 것에 비롯된다.

『삼국지』에는 화타의 치료에 대한 아래와 같은 기사가 나온다.

한 군수가 병이 들었는데, 화타는 그가 매우 분노하면 나을 것이라고 생각했다. 그래서 화타는 병을 치료한다는 핑계로 돈을 많이 받고도 치료하지도 않고 욕하는 글을 남기고 떠났다. 군수가 크게 노하여 그를 뒤쫓아가 죽이라고 했으나 그의 아들은 이러한 사실을 알고 반대했다. 군수가 눈을 크게 뜨며 성을 냄이 아주 심하여 검은 피를 여러 번 토하자 병이 나았다.

위의 이야기는 환자에게 분노라는 감정의 움직임을 일으키게 하여 이것에 의해서 생리적 변화를 유발하여 치료한다. 이러한 정신적 요법은 금나라의 장종정(張從正)과 원나라의 주진형(朱震亨)에 의해서 고찰된 것으로, 주진형은 이러한 방법을 활투(活套)라고 한다. 활투라는 말의 의미는 '덮여져 있던 마음을 펼쳐 낫게 하는 것'이든가 '사로잡은 정신을 자유롭게 한다'는 의미이다.

『황제내경』에서도 이미 이 같은 내용이 나온다. "분노하면 기가 거꾸로 흘러 심하면 피를 통한다"라든가 "양(陽)이 많은 자는 기뻐함이 크고, 음(陰)이 많은 사람은 분노함이 크다. 자주 분노하는 사람은 쉽게 풀어진다"고 하여 분노가 신체에 대해 커다란 생리적 변화를 일으킬 수 있다고 생각했다. 또한 기혈의 막힘에서 병이 온다고 생각하면, 분노는 막힘을 열어 소통시키는 힘이 있다고 생각할 수도 있다. 이처럼 분노는 병을 발생시킴과 동시에 병을 해방시키는 두 가지 의미를 갖게 되는 것이다.

금원대(金元代)의 장종정과 주진형은 분노뿐만이 아니라 언어를 이용하여 충격 요법으로 정서적 변화를 일으켜 병을 고치고 있지만 이론적인 정신적 치료법으로 심화시키지 못하고 말았다. 유학자들이 제기했던 자아분열 같은 정신분석학적인 접근에도 가지 못했다. 그것은 중국 의학이 심인성(心因性) 발병설을 주장하면서도 사기 같은 외부 병리 물질로 병리를 기술했기 때문이었고, 언어가 정신 요법에도 중요한 수단이면서도 중국에서는 한자로 대표되는 시각 기호에서 마력을 인식하고 신앙의 대상으로 삼았기 때문에 정신의학으로 발전하지 못했다.

유의(儒醫)의 활동

중국 역사에서 의학과 유학의 발전은 밀접한 관계를 맺고 있다. 유학에 새로운 조류가 나타난 후 얼마간의 시간이 지나면 의학에도 그러한 조류가 반영이 되는데, 『사고전서(四庫全書)』에서 '유학의 문호는 송대에 나뉘고, 의학의 문호는 금 · 원대에서 나뉜다'라고 한 것이 바로 이러한 현상이다. 원대 성리학자 오징(吳澄)은 의학과 유학의 관계에 대해 말하기를, "의와 유는 하나의 도(道)이다. 유학은 인(仁)으로써 천하의 백성을 구제하니 의학의 재주도 유독 사람을 구제하는 인(仁)이 아니겠는가"라고 하여 '인의 실천'이라는 측면에서 유학과 의학이 하나의 도임을 말하고 있다.

송대 이후 명대까지 유의의 지속적인 대량 출현 또한 의학이론의 발전을 촉진시켰다. 유의란 흔히 유학적 소양을 갖춘 지식인으로서 의업(醫業)에 종사하는 사람을 일컫는다. 송대에 이러한 지식인들이 유의로 진출하는데, 그 이유는 과거 시험 통과의 어려움 때문이었다. 원대에는 몽골 지배자들의 지식인 탄압으로 인해 많은 유학자들이 유의로 진출했던 것으로 보인다. 더불어 유학을 존숭

했던 유학자들이 효제(孝悌)를 중시한 환경에서 의학은 효제를 실천하는 중요한 수단으로 인식되었기 때문이다.

성리학자들은 당시 도덕적 책임의식을 가지고 시대를 이끌고 가고자 하는 지식인들이었다. 따라서 그들은 신체적인 질병에 관심을 갖고 있으면서도 의학이라는 학문의 기술적인 것에만 힘써 성리학을 배우면서 자신의 도덕수양을 소홀히 하는 것을 인정할 수 없었다. 성리학자들의 한의학에 대한 관심은 단지 실제적인 효용, 즉 임금과 부모의 병을 고치기 위한 것이었다. 충과 효는 이들의 도덕적 세계를 완성하는 가장 기본적인 행위들이다. 그러한 이유로 의학에 관심을 가지고 배운 것이지 직업적 의료행위를 강조한 것은 아니다.

성리학자들은 한의학의 전반적인 체계에 대해서는 관심을 갖지 않고 단지 질병을 치료하는 것에 관심을 가졌다. 그들이 하는 치료는 의료행위가 아니라 자신들의 도덕적 세계를 완성하는 하나의 행위일 뿐이었다. 이러한 사고는 물론 이전 시기에도 있었지만 송대 성리학의 발생 이후 유학자들의 사고방식이었다. 성리학자들은 사람들을 치료하는 전문적인 의료행위를 담당하는 직업군을 인정하지 않고 그들을 천시하는 직업관을 가지고 있었다. 그것은 성리학자들이 자신들만이 그들 세계를 설계하는 사람들이라는 우월의식이 내재되어 있기 때문이다.

그러나 송대 이후 성리학자들은 의사들에게 끊임없이 사회윤리를 심어주고자 노력했다. 물질적인 이윤보다는 사회적 가치와 정신적 가치를 중요시하는 성리학자들은 의사들이 물질적 이윤을 강조하는 것은 사회적 안정성을 해치는 것이라고 보았다. 송대 이후 의사의 도덕적 윤리를 강조하는 수많은 글들이 나오고 있는 것이 이를 반영한다. 또한 성리학이 지배하는 세계에서는 자신들의 의술이 유학과 같다고 하였다. 『의학입문』의 저자 이천은 "의학은 유학에서 나온 것으로 책을 읽고 이치를 밝히지 않는다면 마침내는 통속적인 것에 빠져 정신이 혼미하여 신체나 사회의 변화에 두루 통할 수 없게 된다"고 함으로써, 유학이 의학을 지도해야 한다고 주장했다. 많은 의사들이 자신들의 의료행위가 결코 기술적인 것이 아님을 변호했는데, 이는 한의학과 유학을 함께 유지하고자 하는 사고가 지배적이었기 때문이었다.

이러한 경향은 한의학과 유학을 겸임하는 학자들에게 공통적으로 나타난다. 이들이 이른바 '유의'이다. 유의는 이전에도 있었지만 송대 이후 그 수가 많아진다. 한나라와 당나라 사이의 저명한 유의로는 장중경(張仲景), 화타(華陀), 갈홍(葛洪), 손사막(孫思邈) 등이 있다.

〈장중경(150-219)〉

장중경은 한나라 시기의 의학가로 장사(長沙) 태수(太守)의 자리까지 오른 사람이다. 그는 당시의 사대부들이 명리만을 좇고 의학을 경시하는 것에 비판하며 사대부들이 의학을 중시할 것을 호소하였다. 그는 한나라 이전의 임상 의학 성과를 모두 결집한 『상한잡병론』을 지어 후세 임상 의학 발전에 기초를 세웠다. 상한이란 급성 열성전염병을 뜻하는 것인데, 이 책에서는 급격하게 변화하는 질병뿐만 아니라 보다 양성이고 변화가 적은 질병도 취급하고 있다. 이 책의 내용은 비교적 실증적이고 오늘날에 한방 제일의 보전으로 되어 있어 한의학도의 필독서이다.

〈화타(145-208)〉

화타는 후한 시대 의학가로 본래 선비였고 박학다식하며 여러 경전에 능통했던 사람이다. 벼슬을 마다하고 의학을 연마하여 오랫동안 민간에서 진료하였다. 화타는 외과에 탁월하여 마비산을 발명해 전신 마취를 하여 복강 수술을 한 것으로 유명하다. 갈홍은 동진의 의학가이며 연단가이다. 갈홍의 사상은 기본적으로 신선술의 양생을 중심으로 하고 유학의 경륜 사상을 보충으로 삼았다. 유가와 도가의 상호 보완 정신을 구현한 것이다. 그는 신선이 되기를 구하는 사람은 마땅히 충효와 화순(和順) 그리고 인신(仁信)을 근본으로 삼아야 하며 만약 덕행을 쌓지 않고 방술만을 구하면 장생할 수 없다고 했다. 손사막은 수당 시대의 의학가로 20세가 되기 전에 이미 제자백가의 설에 정통하였고 수당 시기의 유교, 불교, 도교의 삼교가 합류된 사상의 영향을 받았다. 그는 의사의 의덕을 강조하였고, 임상의 각 과와 식이요법, 양생, 약물학 등의 영역에 많은 성과가 있다.

송 이후로 유학자들 가운데 의학에 종사한 사람들이 많이 증가하였다. 『고금도서집성(古今圖書集成』「의부전록(醫部全錄)」에 수록된 명의는 송대 144명, 금대 11명, 원대 79명으로 모두 234명이다. 수당 시기보다 15배나 많다. 높은 수준의 이론 소양을 가진 수많은 유의 이외에도 군왕에서 민중에 이르기까지 의학을 안 사람들의 수는 헤아릴 수 없었다. 문인들도 의약서를 짓거나 의서에 서문을 쓰고 평론을 하였다. 당송 8대가의 하나인 소식(蘇軾)도 의학사상이 담긴 책을 지었으며, 유명한 이학자 소옹(邵雍) · 장재(張載) · 정호(程顥) · 정이(程頤) · 주희(朱熹) 등도 한의학을 연구하였다. 이런 상황은 사대부 계층의 전에 없던 의학 중시의 분위기를 반영한다.

명 · 청 시대에 들어 한의학은 점차 발전을 하였다. 특히 청대에는 지식인들을 박해하는 문자옥이 일어나 많은 사람들이 한의학으로 관심을 갖게 하는 계기가 되기도 하였다. 청대 진몽뢰(陳夢雷)의 『의부전록(醫部全錄)』「의술명류열전(醫術名流列傳)」에 따르면 명대의 의가만 해도 900명 정도가 된다. 이들은 의전의 의학적 성과를 종합하고 자신의 임상 경험을 결합하여 수많은 의서를 편찬하였다. 아편전쟁 이후에는 일련의 지식인들이 한학과 송학의 속박에서 벗어나 경세치용을 주장하여 변혁을 적극적으로 주장하였다. 서양 의학의 전파에 따라 한의학의 진보를 추구하는 의학가들이 한의학 발전의 새로운 길을 모색하고자 하였다. 사상계의 저명한 학자들이

의학에 투신하여 중국 최후의 유가들로 하여금 기존의 전통 사회의 유의들과는 완전히 다른 정신 자세를 내보이게 하였다.

유의들은 성리학이라는 체계성을 한의학에도 적용하려고 했던 것이다. 금원대 이후 한의학 이론의 번성이나 관련된 서적의 편찬은 모두 이들에 의한 것이었다. 유의들이야말로 성리학의 이념을 실현하는 실천적인 유자들이라고 할 수 있다. 이러한 영향 아래에서 유학의 도덕적인 이념을 의사들에게 심어주어 전체적인 사회적 공익을 실현하고자 했던 것은 오늘날 우리 사회에도 시사하는 바가 크다 하겠다.

『동의보감』과 몸의 인식

『동의보감』은 허준(許浚) 등이 14년간의 노력 끝에 1610년 완성한 의서이다. 동의보감은 내경(內景), 외형(外形), 잡병(雜病), 탕액(湯液), 침구(鍼灸) 등 다섯 편으로 구성되어 있다. 『동의보감』은 유학과 도교를 하나의 의학적 구조 안에서 전개하고 있다. 『동의보감』은 의학적 인간상의 면모를 도교에 의하여 설명하고 있다. 하지만, 당대 최고의 문장가 이정구(李廷龜)의 서문을 빌어 의학을 유학의 이상을 실현하는 수단으로 이해하였고, 본문에서도 유학의 성명(性命)의 논의를 장부생리(臟腑生理)로 전환하여 서술하고 있다.

『동의보감』은 『황제내경』에 바탕한 김시습의 이론을 차용했으나, 도교적 내용에만 머무르지 않고 의학적 변용을 시도하였다. 도교적 수양을 위한 기본 전제인 정기신(精氣神) 이론을 기일원론(氣

一元論)으로 재해석하면서 도가의학을 의학 일반으로 승격시킨 것이 사례로 제시된다. 『동의보감』은 도교적 분위기를 풍긴 유의(儒醫) 정작(鄭碏)과 세부적인 내용의 지침을 마련한 태의(太醫) 양예수(楊禮壽), 그리고 허준이 총책임을 맡은 공동저작이었다. 그것은 모든 학문들을 유교적 맥락으로 흡수하기 위한 유가와 도가, 의가의 학제적 프로젝트였다고 볼 수 있다.

유학과 도교를 하나의 의학적 구조 안에서 전개하고 있는 것은 이미 앞선 유의라고 불리는 사람들에게서 잘 나타난다. 유이들은 의학의 태생적 특징인 '의도동원(醫道同源)'이 의학과 유학이 같은 도라고 인정하는 '의유동도(醫儒同道)'라는 자신들의 이념적 지향과 다르지 않음을 보여주었다. 또한 유의 의학의 또 다른 특징은 장부생리 중 심(心)을 중시하는 것인데, 심을 단순히 물리적 차원에서 논의하는 것만이 아니라 성정(性情)을 통섭하는 도덕적 심으로 이해하는 면이 있다. 이는 생명의 문제를 형기(形氣)적 측면이 아니라 도덕적 · 문화적 차원에서 논의하는 유학의 신체관에서 비롯된다. 『동의보감』 성립의 배경도 이러한 흐름에 서 있다고 볼 수 있다.

『동의보감』이 간행된 17세기 전후는 조선 성리학의 흐름에서도 매우 중요한 시기였다. 성리학은 16세기 퇴계 이황과 율곡 이이 등에 의한 이론적 정립 과정을 거친 후에 조선 사회를 주도하는 이념이 되었다. 조선의 성리학은 이기(理氣)의 문제나 우주 근원에 대한 관심보다는 사단칠정(四端七情)의 문제 등 인간 심성과 수양에 대해 더욱 관심을 기울였다. 성리학적 수양론은 유의 의학을 비롯하여 직간접적으로 인간 생명의 생리와 병리를 연구의 대상으로 하는 동아시아 의학에 영향을 주었다고 볼 수 있다.

조선 초기 이래 의서습독관(醫書習讀官)이라는 명칭으로 의서 편찬에 관여한 유학자들의 성향이 『동의보감』에 수용되었다. 『동의보감』 서문에 유의 정작이 편찬에 참여했다고 한 것처럼 당대의 사상적 경향과 무관하지 않게 성리학적 성향이 『동의보감』에 투영되었다고 볼 수 있다. 그러므로 심성수양을 중심하는 당대의 성리학적 경향은 『동의보감』 편찬의 또 다른 동인으로 작용했다고 본다.

선조가 서문에서 이르기를, "사람의 병은 몸을 잘 조섭하지 못하는 데서 생기므로 수양하는 방법을 먼저 쓰고 약과 침, 뜸은 그 다음에 쓸 것"이라고 허준에게 명했다고 하는 데서 도교적 수도와 유가적 수양론을 찾아볼 수 있다. 정기신(精氣神)을 보양하기 위한 단전호흡과 같은 각종 수련의 방법과 마음을 빈 상태로 유지하는 수양적 방법이 같은 공간 안에서 논의되어 의학적인 목적으로 사용되고 있는 것이다.

『동의보감』은 인간을 소우주(小宇宙)로 규정함으로써 하늘과 사람의 조화를 추구하고자 하였다. 동의보감 역시 한의학의 기본원리인 천인상응(天人相應)과 음양오행 사상을 활용하고 있다.

> "사람은 우주에서 가장 영귀한 존재이다. 사람 머리가 둥근 것은 하늘의 둥긂을 본뜬 것이고, 발이 평편한 것은 땅의 평편함을 본받은 것이다. 하늘에 네 계절이 있듯이 사람에게는 사지가 있다. 하늘에 오행이 있으니 사람에게 오장(五臟)이 있으며, 하늘에 여섯 방위가 있

으니 사람에게 육부(六腑)가 있다. … 사람의 열두 경맥은 하늘의 12시를 본받고, 사람의 스물 네 혈 자리는 하늘의 24절기를 받는다. … 하늘에 해와 달이 있듯이 사람에게 눈, 귀가 있다. 하늘에 낮과 밤이 있듯이 사람이 잠들고 깨어남이 있다. 하늘에 천둥과 번개가 있듯이 사람에게는 기쁨과 노함이 있다. …"(「신형장부론(身形藏府論)」)

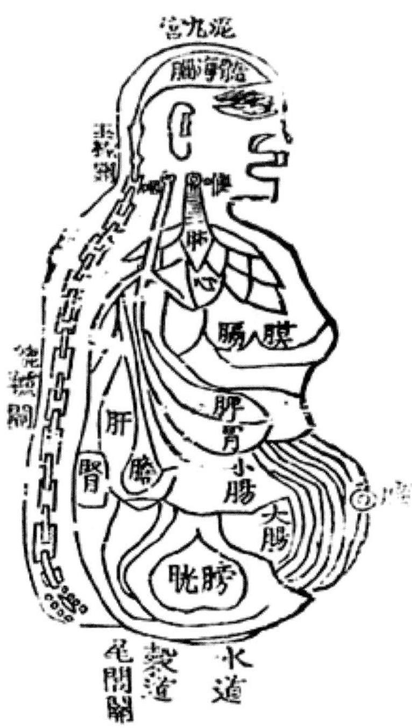

〈신형장부도(身形藏府圖)〉

이 문장은 『동의보감』 제일 앞부분에 나온다. 제일 처음의 문인 신형문(身形門)에서 우주발생과 몸, 생로병사, 몸과 환경, 몸과 사시, 천인상응 등의 문제를 다루고 있다. 자연과 닮은 인간은 당연히 자연의 원리를 따르지 않을 수 없다. 자연스러운 삶이 곧 인간의 마땅한 도리요, 인륜의 마땅함을 지키는 일은 건강의 지름길이다. 자연과 더불어 사는 일은 인륜을 지키는 것이요, 또 하나는 수양을 통한 절제이다. 『동의보감』의 양생이란 자연에서 기원한 당연의 도덕률을 몸에 내면화하는 신체를 다스리는 정치학이었다.

2. 서양의 종교철학과 치유

1) 중세의 건강과 치유

중세로 들어가며 인류는 정신과 육체를 분리하여 생각하는 이원론적 세계관을 형성하게 되었다. 그러나 중세는 교회의 영향력이 확대되면서 정신 및 사회의 불건강에 대한 문제에 대해서도 교회에 의해 종교의 힘으로 치유해야 한다고 생각하였다.

건강에 대한 관심은 중세 사람들도 다를 바 없었다. 중세에 건강과 보건에 대한 가르침을 담고 있는 책들은 중세 후기와 근대 초기에 하나의 장르를 이룰 만큼 인기가 높았다. 그 중 가장 잘 알려지고 유명한 건강 서적은 12~13세기에 쓰인 『살레르노 건강규칙(Begimen sanitatis Salernitanum)』이다. 이 헥사미터 형식의 중세 교훈시는 '살레르노 의학의 꽃', 또는 '의학의 백합'이라고도 불린다.

중세 교훈시 모음집 『살레르노 건강규칙』은 고대 그리스 의학 전통에 따라 '타고난 것이 아닌 6가지 특성'인 공기, 음식과 음료, 수면과 걷기, 동작과 휴식, 보존과 배출, 꿈과 영혼의 열정을 이용하여 어떻게 건강을 유지할 것인가에 대한 방법을 적고 있다. 말하자면 인간이 스스로 컨트롤 할 수 있는 생활 방식과 주변 환경, 조건을 바꿔서 건강을 유지하는 교훈적인 내용이 실린 건강서적이다. 『살레르노 건강규칙』의 서문에는 다음과 같이 쓰여있다.

> 살레르노의 학교 전체가 영국 왕에게 씁니다. 건강하고, (심신이) 건전해지려면, 무거운 골칫거리를 멀리하고, 화를 멀리하십시오. 희

> 석하지 않은 와인을 삼가고, 소식하고, 자리에서 일어나십시오. 좋은 음식을 먹었을 때는 낮잠을 피하십시오. 소변을 참지말고 항문을 꽉 조르지 마십시오. 이런 일을 잘한다면 장수를 누릴 것입니다. 의사가 필요하다면 다음의 의사를 찾으십시오. 바로 그 세 명은 즐거운 마음, 휴식, 적절한 다이어트입니다.

서문만으로도 쉽게 알 수 있듯이 『살레르노 건강규칙』 교훈시의 내용은 현대인에게도 그리 낯선 내용이 아니다. 건강에 대한 민간요법이나 경구로 생활 속에 자리 잡고 있기 때문이다. 이처럼 교훈시는 기본적으로 건강에 대한 상식적인 조언들, 예를 들면 '과식하지 마라', '적당한 운동을 해라', '몸을 청결히 해라' 등의 내용으로 되어 있다.

이처럼 『살레르노 건강규칙』은 오늘날 민간요법이나 기본적인 건강지식의 큰 뼈대를 이루고 있다. 비록 건강과 보건에 관한 이 교훈시 모음집이 당대 유명한 '살레르노 의학교'에서 직접 출간한 서적이 아니더라도, 그리스 · 아랍 · 유대 등 다양한 문화의 만남과 융화를 통해 결실을 거둔 살레르노 의학 전통의 산물임은 부인못할 사실이다.

2) 종교사상과 치유

기독교와 치유

기독교는 그 이름이 가리키는 바와 같이 그리스도라는 인물을 중심으로 한 종교이다. 예수의 행동 자체가 그의 예언대로 신앙의 중심적인 상징으로서 기능을 발휘하는 것이다. 예수(Iesous)라는 말은 '신은 구원한다'는 의미를 가지고 있으며, 그리스도(Cristos)는 '기름부음 받은 자'를 뜻하는 히브리어의 메시아(Masiah), 즉 구세주를 그리스어로 번역한 말이다. 즉, 예수 그리스도라는 이름은 예언자들에 의해 약속된 이스라엘의 구세주임을 나타낸다.

〈십자가에 못박힌 그리스도〉

기독교인은 삼라만상의 창조주인 삼위일체 하나님을 믿으며, 인간의 타락과 그의 아들 예수 그리스도를 통한 구원을 확신하고, 죽음 이후의 부활과 영원한 삶을 믿는다. 성경이 하나님의 말씀이라는 것과 계시를 믿으며 하늘나라와 지옥, 성령과 악령의 역사(役事)를 믿는다. 또한 죽음과 악령의 지배로부터 인간을 온전히 구원하실 하나님의 마지막 때(종말론)를 믿는다. 기독교는 1세기경에 예수의 사도(使徒)들에 의하여 형성되었다.

기독교인들은 창조주 하나님에 대한 유일신 신앙에 따라 질병의 근원과 치유가 하나님의 손에 달려 있다고 믿었다. 고대 이집트와 메소포타미아인들은 악령들이 여러 질병의 원인이라고 믿었고, 술사들이 그 악령들을 쫓아내기 위해 주문이나 마술을 사용하기도 했다. 그들은 또한 여러 신들 중에 병을 치료해주는 신들이 별도로 존재한다고 믿었던 반면에, 구약성경에 의하면 이스라엘 백성은 병의 치료를 위해 주문과 마술을 사용하지 않았다. 따라서 질병 치료 사건이 대체로 기도를 동반하며 하나님의 사람 혹은 선지자의 중재로 이루어졌다. 구약성경의 질병과 치료에 대한 주된 이해는 전통적인 인과응보 원리와 관련되고, 이 원리에 따르면 질병과 치료는 하나님에 대한 인간의 순종과 불순종에 좌우된다. 물론 그들에게 닥친 특정한 질병이 하나님의 뜻대로 살지 않았기 때문에 온 징계의 표시로 받아들여지기도 하지만, 때로는 질병의 직접적인 원인이나 이유를 순종과 불순종의 원리에 비추어 뚜렷이 지적하기 어려운 경우도 있다.

어떠한 경우라도 기독교의 질병은 하나님과 관계있다고 보았고, 치유를 위해서는 전적으로 하나님께 의지하여 예배하고 기도하게 하였다. 이것은 '내가 죽이기도 하며 살리기도 하며 상하게도 하며 낫게도 하나니 내 손에서 능히 건질 자 없도다'라거나 '하나님은 아프게 하시다가 싸매시며 상하게 하시다가 그 손으로 고치시나니'라는 성경에 근거하고 있다.

또한 성경 잠언의 몇 구절들은 기독교인들의 입을 통해 나오는 말이 치료제가 될 수 있다고 한다. '혹은 칼로 찌름 같이 함부로 말하거니와 지혜로운 자의 혀는 양약 같으니라', '온량한 혀는 곧 생명 나무라도 패려한 혀는 마음을 상하게 하느니라', '선한 말은 꿀송이 같아서 마음에 달고 뼈에 양약이 되느니라'와 같은 구절들이다. 곧 가족이나 친구 혹은 이웃의 부드러우며 선한 말은 병상에 있는 자에게 위로가 되며 지혜로운 말은 마음의 상처를 받은 이에게 평안을 준다는 것이다.

그리스도교의 신앙치유는 특히 예수(40회의 치유가 기록됨)와 그의 사도들이 일으킨 기적 치료들이 대표적이다. 초기 교회는 기름부음과 안수기도를 통해 신앙치유를 인정했으며, 신앙치유를 성인들이 개입하여 일으키는 기적으로 생각하기도 했다.

중세 초기 수도원 의학

중세는 거룩한 단체라고 할 수 있는 하나의 특별한 제도 안에서 구체화된 초월적 실체가 문화를 형성하고 자연을 해석한 시대라고 할 수 있다. 모든 시대, 모든 제도는 반드시 인간의 삶을 규정하고 삶에 대한 제도적 장치를 마련하고 있다. 중세교회도 마찬가지이다. 중세교회의 치유는 아리스토텔레스의 철학의 영향을 받은 스콜라주의에 의해 초자연적인 카리스마에 의한 치유보다는 제도권 내에서의 치유형태를 가진다. 따라서 중세는 병든 사람을 위한 규정과 그들을 위한 제도를 마련하고 있었던 것이다.

이 시기에는 사제 등이 의학을 주도하였는데, 몬테카시노 수도원 등 유럽 전역에 수도원이 설립되고 여기에서 의학교육이 이루어졌다. 중세 기독교 수도원의 시작은 새로운 시대에 대한 기대로 금욕적 공동체 삶을 살았던 이스라엘로부터 그 기원을 찾을 수 있다. 또한 헬라 세계의 영향도 빼놓을 수 없는데 히브리 세계관이 헬라 세계와 만나면서 신관, 세계관, 역사인식 등이 서로 논쟁 관계에 들어가게 된 것이다. 그 과정 속에서 헬라의 정신세계가 가지

〈몬테카시노 수도원〉

고 있던 금욕적 요소를 기독교 세계가 받아들인 것이다. 헬라 철학 학파들이 생각하는 금욕이란 이상적이고 모범적인 인간이 되기 위해 시도하는 모든 노력을 의미한다. 그것들은 음식의 제한, 물질 소유의 포기, 본능적 욕구의 억제 등과 같은 온갖 육체적, 정신적 훈련 등을 포함하는 것이었다.

이렇게 철학적 삶이 금욕적 삶이라는 생각이 일반적으로 지배적이었기 때문에, 이런 바탕 위에 전파된 기독교는 일반인들에게 철학적 경향으로 이해되었고, 또 철학적 삶을 요구받기에 이르렀다. 고행과 금욕의 이상이 접목되면서 금욕가들은 금욕이 가장 근본적인 생활요소가 되는 독자적인 고유의 종교세계를 만들어 일반교회에서 분리해 나가 독립된 형태의 수도원을 만들었던 것이다.

당시의 의학연구는 수도원의 환자 수용과 약초 재배를 위한 논문의 번역이 주가 되었다. 1130년 클레르몽 종교회의에서 사제의 의료행위를 금지함으로써 수도원 의학이 끝나고 보통 사람이 의사가 될 수 있게 되었다.

교부철학과 치유

콘스탄티누스(Constantine)황제의 313년 밀라노 칙령 이후 기독교는 서양 중세를 지배하는 철학적 기반이 된다. 로마 국교로 인정받으면서 교리에도 큰 변화가 나타난다. 오랜 기간 유지되던 교리의 단순성으로서는 통치 이데올로기 역할을 하는 데 미흡할 수 밖에 없기 때문이었다. 특히 논리적 · 체계적 사고에 익숙한 그리스 전통에 의존하던 로마제국으로서는 기독교의 학문 체계를 정교하게 만들 필요가 있었다. 이에 따라 기독교는 점점 신학 형식을 띠면서 인간으로서 예수가 아닌 신학적 존재인 예수가 관심의 대상이었고, 역사적 인물 예수가 아니라 초역사화된 신으로서 예수가 재정립되는 과정을 거쳤다.

〈콘스탄티누스 대제〉

이 시기에 예수의 제자를 자처하면서 교리를 확대 · 보급하고 신학을 체계화하여 기독교를 새로운 사회 · 정치적 조건에 맞추려는 사람들이 있었다. 이들은 교부(Fathers)라 불리며, 성직자로서 자신이 알고 있는 지식을 통하여 기독교 교리를 확립했다.

이들 중 저스틴 마터(Justine Marter)는 기독교의 은사에 대해 강조하며 말하기를 ' 기독교인 중 성령의 역사가 여러 방면에서 나타났다고 하며, 어떤 사람은 분별의 은사를, 어떤 사람은 상담의 은사를, 어떤 사람은 능력의 은사를 받았고, 어떤 사람은 치유의 은사를 받았다'고 하였다. 그는 치유의 기적을 영적인 은사로 받아들였던 것이다.

터틀리안(Tertullian)은 그의 저서에서 귀신을 추방하고 치유하는 일들이 평민들에게는 물론 수많은 상류층의 사람들에게도 치유의 역사가 일어난다고 하였고, 기독교적 치유는 예수의 부활의 능력에서 나오는 힘이라고 믿었다.

오리겐(Origen) 역시 성령의 은사를 받은 사람들에 대하여 언급하며, 예수 그리스도의 이름으로 사람의 마음속에 있는 혼란을 제거하고 귀신을 추방하며 질병을 제거할 수 있다고 강력히 주장하였다.

아우구스티누스의 고백

교회 역사 가운데 가장 큰 영향력을 행사한 사람 중에 한 사람을 꼽으라면 그는 아마 아우구스티누스(Saint Augustine)일 것이다. 그는 그의 저서 『고백록』의 제9권 7장 16절에서 치유에 관한 글을 썼고, 또 다른 저서 『하나님의 도성』에서는 여러 가지 치유의 기적을 체험하고 목격한 것을 기록하였다. 아우구스티누스는 자신을 '병들어 있는 괴로운 존재'라고 표현하며, 영혼의 상함은 의지의 분화라고 했다. 사람은 행복하기 위해서는 하나님에게 의존해서 살고 또한 사람아래에 있는 모든 것을 자신에게 종속시켜야 하는데, 이러한 질서의 법칙을 벗어나 사랑의 대상을 왜곡되게 사랑할 때 혼돈과 오류 속으로 빠져 감정은 상처를 입게 된다. 아우구스티누스는 상처입은 자신의 모습을 '나의 죄는 즐거움 · 명예 · 진리를 하나님 안에서 찾지 않고 피조물 · 나 자신 그리고 다른 것들 속에서 찾으려는 데 있었고, 그 때문에 나는 슬픔과 혼돈과 오류 속으로 빠져 들어가게 되었다'고 고백하였다.

그는 진리를 하나님 안에서 찾지 않고 다른 피조물에서 찾을 때 쾌락을 경험하지만, 이러한 쾌락의 경험은 질투·의혹·공포·분노·분쟁 등과 같은 괴로운 감정과 얽혀 있다고 하였다. 그러므로 그러한 괴로운 감정은 하나님을 소유하지 못했을 때 생긴다고 보았고, 상한 감정은 하나님의 은총에 의해 치유되어야 한다고 하였다.

그러기 위해 그는 하나님 앞에 그의 모든 것, 곧 외면적인 실상만이 아니라 마음의 내면적인 상태를 고백하고자 하였다. 아우구스티누스는 이러한 고백이 하나님의 은총 안에서 하나님께 복종하지 않고 연약함을 고백하지 않는다면 거기에는 큰 위험이 따를 것이라고 하였다. 그는 『고백록』을 통해 참된 행복은 이성적 진리가 아니라, 하나님의 은총을 통해서만 소유할 수 있다고 하였고, 뿐만 아니라 하나님을 경외하는 마음을 가지고 진심으로 사람들 앞에서 죄와 찬양의 고백을 할 때 참된 자유를 얻을 수 있다고 하였다.

〈천사의 귓속말을 들으며 서 있는 아우구스티누스와 그가 치유의 기적을 행하는 장면들〉

그는 마음의 치유 뿐만 아니라 육체의 치유 곧 기적에 대해서 기록하고 있다. 그 자신 초기의 저술들에서는 치유의 기적을 기대하지 않는다고 쓰고 있지만, 『고백록』에서 그는 거의 70여 가지에 이르는 입증된 기적들을 수집하여 기록하고 있다. 그는 '내가 얼마나 많은 기적들이 우리 자신의 시대에도 일어나고 있고 그러한 기적들은 옛날의 기적들과 거의 유사한 기적들이며 또한 이러한 하나님의 능력의 경이들에 대한 기억을 성도들의 마음속으로부터 사라지게 한다는 것은 매우 잘못된 일이라고 깨닫게 되자 일어났다'고 하였다. 또한 그는 죽음 직전에 자신도 그를 찾아온 또 다른 사람들이 치유되었음을 기록하고 있다.

Ⅲ

근대: 치유, 인문학에서 떨어지다

1. 동양의 근대인문학과 치유

2. 서양의 근대인문학과 치유

Ⅲ. 근대: 치유, 인문학에서 멀어지다

1. 동양의 근대인문학과 치유

1) 전통과 근대 : 서양 의학의 만남

중국

자신들의 전통의학만 알고 있었던 중국 사회가 서양 의학을 본격적으로 접하게 된 계기는 예수회 선교사를 통해서였다. 테렌츠(Jean Terrenz)는 신체의 구조에 관한 책인 『인신설개(人身說概)』를 저술하였고, 서양의학에 근거한 진료를 직접 보여주었다. 또한 프랑스 선교사인 제르비용(Joan F. Gerbillon)과 포르투갈 선교사인 페레이라(Thomas Fereyra)가 학질에 걸린 청나라 황제 강희제를 키니네로 치료하여 서양의학을 중국 황실에 소개시켜 주었다. 이를 계기로 서양의학의 임상적 치유 능력을 인정받아 서양의학 서적을 번역하였다. 그러나 중국 유교사회에서 서양 의학이 인정되었다고 볼 수는 없다. 유럽 해부학을 중국에 소개하기 위해 파르냉이 해부학 서적을 번역했지만, 황제의 반대로 출판되지 못했다. 강희제 이후에는 선교사들이 탄압을 받아 의료 선교활동 조차도 소강기에 빠져들었다. 이후 개신교가 천주교의 이런 공백을 점차 채워나갔다. 그러나 서양의학은 중국에 선교사들의 선교활동을 위한 의료 선교로 들어왔기 때문에 중국인들에게 수용되기 쉽지 않았다.

당시 의료 선교사가 겪는 어려움은, 중국에서 의사는 누구나 될 수 있는 것이기에 서양의학을 배운 외국인 의사들에 대해 중국인들이 사회적 신뢰를 부여하지 않았다. 또한 의료 선교사들이 아이들의 눈을 빼앗거나 간을 도려내어 치료약으로 사용한다는 유언비어가 돌 만큼 선교사들에 대한 편견과 적대감이 팽배해 있었다. 특히 선교사들이 중국의 신사계층들이 갖고 있던 기득권에 대해 문화적, 도덕적 헤게모니를 장악하면서 중국인 지식인들의 반감을 불러일으켰다. 결국 의료 선교사들은 중국 사회에 근대의학을 전해주는 역할도 했지만, 오히려 이런 역할을 통해 중국의 전통적인 의학에 대해 깊은 문화적 신뢰를 갖고 있던 중국인들로부터 공격을 받게 된 것이다.

중국인들에 의한 서양의학의 직접적 수용은 일본에 유학했던 중국인 유학생들을 통해서였다. 당시 메이지 유신으로 근대화에 성공한 일본으로 유학을 갔던 중국의 지식 청년들은 서양의학을 배우려는 열의에 가득 차 있었다. 의학의 길에 들어섰다가 중도에 포기했던 노신(魯迅)은 일본의 메이지 유신이 의학에서 시작했다고 고백했다. 노신을 비롯한 중국 유학생들은 일본의 막부 시절 스기타 겐바쿠(杉田玄白)와 동료들이 서양 해부학 서적 『해체신서(解體新書)』(1774)를 출간한 이후 본격적으로 서양 학문이 꽃을 피우게 되었다는 사실을 잘 알고 있었다. 중국 유학생들은 후에 중국으로 귀국한 후에도 일본에서 발행된 서양의학과 위생에 관한 지식들을 중국사회에 소개하였다.

5·4운동 이후 중국은 본격적으로 근대의학을 공부했던 의사들을 중심으로 서양의학을 받아들였다. 반면에 중국의 오랜 역사적 전통에서 자신들의 문화적 힘을 발견하려는 신전통주의자들이 나타났다. 이들은 민족주의의 대두와 더불어 중국의 전통의학을 새롭게 해석하고자 했다. 서구의 과학적 방법을 통해 전통의학을 발전시켜 나가기 위한 실천적 행동을 보여주었다. 전통의학이 여러 가지 문제가 많지만 이를 폐기하는 대신에 서양의학의 도움으로 과학화시켜야 한다고 보았다. 신전통주의의 초기 지도자이면서 국민당 정부의 지도자이기도 했던 장병린(章炳麟)은 후한 시대 장중경이 쓴 『상한론』을 극찬하면서 전통의학의 우월성을 강조하면서도 이후에 서양의학의 해부학 지식에 대해 우수성을 인정하였다. 신전통주의자들은 전통의학과 서양의학의 결합을 주장하지만 전통의학이 서양의학의 부속물이 되어서는 안된다고 하였다. 이후 이러한 관점은 모택동으로 이어져 중의학과 서양의학의 결합을 강조하면서 중국에서 전통의학을 어떻게 부흥시킬 수 있는지에 대해서 오늘날까지도 이어지고 있다.

한국

17세기 중반 조선에 표착했던 네덜란드 상인 하멜은 조선 사회의 전염병과 그것의 대응에 대해 기록하고 있다. 전염병이 발병하면 병자들은 단순히 격리조치하고 전염병이 발생한 집이나 마을은 모든 사람들이 알 수 있도록 조치하는 방법밖에 쓰지 않았다. 당시 조선 최고의 의학서 『동의보감』이 이미 1613년에 발간되었지만,

〈허준(許浚, 1546-616)〉

역병을 해결하는데 큰 효력을 발휘하지 못했다. 17세기와 18세기에 홍역에 두창이 크게 창궐했지만 허준은 이 두 가지의 임상적 차이를 정확히 구분하지 못했다. 그것이 바로 『동의보감』이 지닌 한계점이다.

『동의보감』의 지향점은 양생을 통해 백성들의 몸을 성리학적 질서 속으로 의식화하려는데 있다. 그것은 전염병에 대해 사회적으로 대응할 수 있는 실천적 전략을 제공할 수 없었다. 『동의보감』 속의 의학지식은 일반 백성들이 실용화하기 쉬운 지식이 아니라 양생을 실천할 수 있었던 사대부들의 눈높이에 맞췄기 때문이다. 실제로 『동의보감』은 『경국대전』과 상례지침서인 『상례비요(喪禮備要)』, 그리고 운서(韻書)인 『삼운성휘(三韻聲彙)』와 함께 사대부가 갖추어야 할 4대 서목에 들어갔다. 또한 허준은 동의보감의 이론적 배경을 도교에 두고 있다. 정(精), 기(氣), 신(神)을 존중하고 조섭수양(調攝修養)을 제일로 하였으며, 치료법으로서 약석(藥石)을 복용하는 것을 제2로 한다는 것이 그 내용이다.

일본과는 달리 조선은 중국을 통해 서양의학을 간접적으로 수용하게 된다. 최초로 서양의학을 소개한 사람은 이익(李瀷)이다. 그는 『성호사설』에서 예수회 선교사 아담 샬이 쓴 『주제군징(主制群

徵)』을 소개하면서 서양의학을 설명하였다. 『주제군징』은 인체의 생리를 혈액, 호흡, 뇌와 척수 및 신경으로 나누고 있는데, 아리스토텔레스 철학의 의학적 변용인 갈레노스의 생리학 이론을 크게 벗어나지 못하고 있다. 이것은 당시 성리학적 세계관에 크게 어긋나지 않아 큰 문제가 되지 않았다. 당시 성리학자들은 서학을 실용적인 과학기술로 수용하기보다는 조선 성리학의 기반을 흔들 수 있는 종교로서 수용하였다는 점이다.

정약용은 영국 동인도회사의 의사였던 피어슨(Alexander Pearson)이 종두법에 근거하여 쓴 『종두기법』을 읽고 『마과회통(麻科會通)』을 지었다. 그러나 종두법에 대해 정약용이 직접 사람들에게 시행했는지는 정확하지 않지만, 서양의학에 대한 그의 인식은 기존의 성리학자들과 크게 다르지 않았다. 더군다나 당시 실학자들이 이해하려고 했던 서구 지식과 문물은 중화적 스펙트럼을 통해 한 번 변용될 것들이다.

또한 실학자들은 서양의학 지식을 경험적으로 검증하기 보다는 문헌학적 해석에 매달렸다. 그들 또한 의술 행위는 중인 신분에 해당하는 사람들의 몫이라는 성리학적 신분 관계의 틀을 깨트리지 못했다. 비록 정약용과 최한기가 당대에 서학 수

〈정약용(丁若鏞, 1762–1836)〉

용에서 가장 앞섰다고 평가받을 수 있겠지만, 두 사람의 지식은 근본적인 한계를 갖고 있었다. 일본은 18세기 후반 근대 해부학 서적인 『해체신서』를 번역할 정도로 앞서 갔지만, 조선 실학자들은 난학 운동의 흐름을 타고 빠르게 전파되고 있던 당시 일본의 서구지식 수용을 정확하게 인식할 수 없었다. 근대에 들어 의료 선교사들의 활약으로 최초의 근대식 국립병원인 제중원이 설립되는 등 서양의학과의 접촉이 직접 이루어지기도 했지만, 얼마 안 있어 일본의 지배를 받게 됨에 따라 일본의학의 영향을 강하게 받게 된다.

일본

일본 역시 예수회 선교사를 통해 처음 서양의학을 접했다. 포르투갈 출신 알메이다(Louis d'Almeida)는 의료 선교사로 일본에 온 최초의 예수회 선교사였다. 그는 환자들을 직접 치료했을 뿐만 아니라 의학을 일본인들에게 가르치기도 했다. 하지만 포르투갈과 스페인의 가톨릭 선교방식에 불만을 갖고 있던 도쿠가와 정권은 네덜란드와의 무역만을 승인하여 이후 예수회 선교사들은 거의 모두 축출되었다.

이후 나가사키를 통한 네덜란드와의 무역이 진행되었고, 자연스럽게 네덜란드 의학이 일본에 수용되었다. 특히 동아시아에서 크게 발달하지 않았던 외과학에 많은 관심을 가지면서 일본의 의학자들은 인체의 해부도에 관심을 갖게 되었다. 인체의 해부도는 난학으로서의 서양의학이 전통 일본의학과 양립할 수 있는지 없는지를 판단하는 데 중요한 근거가 되었다. 당시 전통의학자들은 해부학의 지식이 병의 치료에 도움이 되지 않는다고 하였다.

전통의학자들과 다른 생각을 갖고 있던 일부 지식인들은 그들이 가지고 있던 네덜란드의 『해부도』가 실제 인체의 모습과 정확하다는 것에 충격을 받았으며, 한의학의 인체에 관한 지식이 실제와 너무나도 다르다는 사실에 크게 실망했다. 그들은 난학(蘭學)의 '경험적 정신'에 크게 충격을 받았다. 스기타 겐바쿠(杉田玄白)를 비롯한 3명은 네덜란드어로 된 『해부도』를 번역하여 『해체신서』라는 이름으로 출간하였다. 스기타 겐바쿠는 전통 한의사 출신이지만 기존 전통의학과는 다른 서양의학에 호기심을 느꼈다. 인체를 유기적인 기(氣)의 흐름으로 해석할 뿐 구체적 존재로서는 실증하지 않았던 기존 의학과는 달리 서양의학은 구체적이고 실증적 이었다.

스기타를 비롯한 『해체신서』의 번역자들은 중국어로 된 전통의학의 용어가 아니라 자신들의 언어로 서양을 번역하였다. 전통의학에서는 복잡한 인체구조를 표현하는 명칭이 없었기 때문에 그들은 인체 하나하나 새로운 이름을 지었다. 예를 들어 그들은 '신기(神氣)'에서 '신'을, '경맥(經脈)'에서 '경'을 따서 새로운 용어인 '신경(神經)'을 만들어내었다. 이외에 연골(軟骨), 혈관(血管), 비장(脾藏) 등의 용어를 하나씩 만들었다. 이 번역의 작업은 새로운 체계를 만드는 지난한 작업이었으며, 이제 인체를 관념이 아닌 실존하는 대상으로 인식하게 되었다. 사유의 지평을 뛰어넘는 진보를 이룬 것이다. 1774년 해체신서 4권이 발간되면서 난학에 불이 붙는다. 이 책의 번역을 계기로 난학의 부흥이 이루어졌으며 서양을

〈스기타 겐바쿠(1733-1817)〉

'번역'하는 시대로 들어섰다.

1774년에 공식적으로 출간된 『해체신서』를 계기로 인체를 해부하려는 붐이 크게 일었을 뿐만 아니라 한의학의 지식체계에 안주하고 있던 전통의학자들에게 큰 충격을 안겨주었다. 이 책을 필두로 학문의 전분야에서 난학을 일어로 번역하여 출간하는 작업들이 활발하게 이루어졌다. 이제 일본은 근대 동아시아에서 서양을 번역하는 '번역의 제국'으로 나아갔고 중화적 세계의 극복을 하고자 했다.

이후 메이지 유신 시대에 유럽의 공중위생을 받아들여 국민위생을 국가가 관리하고 국민의 몸은 곧 '국체'이기 때문에 국가를 위해 쓰이기 위해 관리대상이 되었다. 일본은 메이지 유신 이후 의학 부문에서도 전면적인 서양 보건의료 도입을 가져왔는데, 독일식 의학교육과 국가주의적 교육을 중심으로 서양의학의 효용을 가장 효과적으로 이용할 수 있는 군의제도 정비가 그 중심에 있었다. 일제는 이후 식민지에 자국의 징병령과 같은 제도를 도입하여 병사를 충원했으며, 서양의학에 근거하여 건강 정도를 판단하였고 결과에 따라 몸을 서열화하여 관리하였다. 이렇게 '건강' 개념이 제국주의 일본을 통해 식민지에 이식되었고 지배와 피지배 국가 사이에서 벌어진 '몸'을 둘러싼 역학 관계는 일본과 조선뿐만 아니라 일본과 중국 등 다른 동아시아 나라에서 비슷하게 전개되었다.

2) 건강에 대한 인식의 변화

오늘날 우리가 흔히 쓰고 있는 '건강(健康)'은 'health'의 개념을 수용하는 과정에서 만들어진 번역어이다. 일본에서는 개항기 이전에 이미 서양 의학을 받아들이면서 해부학 번역서 『해체신서』가 1774년에 출간되었다. 『해체신서』는 일본이 개항 이전 네덜란드와 교류하면서 나타난 서양학문의 수용 중에 대표적인 난학 발전의 결정적인 전환점이 된 책이다. 『해체신서』를 계기로 인체를 해부하려는 붐이 크게 일었을 뿐만 아니라 한의학의 지식체계에 안주하고 있던 전통의학자들에게 큰 충격을 안겨주었다. 이 책의 발간을 계기로 근대적 의미의 '해부'의 개념이 나타났으며, 학문의 전분야에서 난학을 일어로 번역하여 출간하는 작업들이 활발하게 이루어졌다.

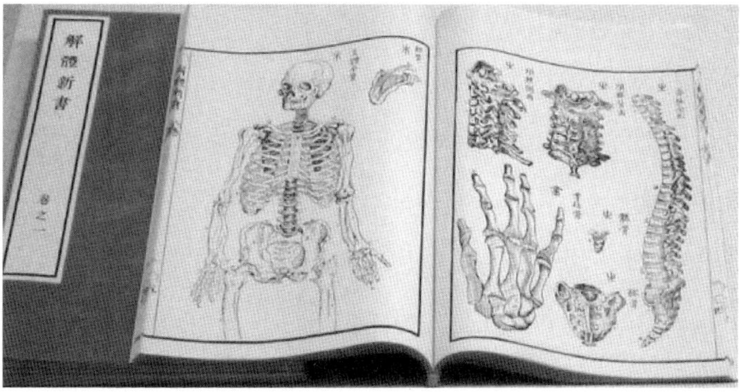

〈해체신서(解體新書)〉

당시에는 아직까지 건강이라는 개념을 사용하지 않았지만, 일본은 이전부터 조선과는 다른 의학적 방법을 사용하였다. 일본 전통의학은 물론 중국의학을 근간으로 한 것이지만, 『황제내경』의 이론을 중심으로 했던 조선의 의학과는 달리 경험방 위주의 『상한론(傷寒論)』을 중시하는 고방파(古方派)가 주류를 형성하였기 때문에 보다 쉽게 서양의 해부학을 받아들였던 것으로 보인다. 그러나 일본은 메이지 유신 이후 위생학을 중심으로 한 독일의학을 받아들인다. 의료행위를 시혜차원이라기 보다는 국가차원에서 인구를 관리하여 노동력과 군사력을 증강시킬 목적으로 행해지는 부국강병의 통치행위였다. 당시 일본의학의 흐름은 사변적 요소를 배제한 채 경험방을 위주로 받아들인 중국의학의 전통과 함께 일찍이 네덜란드의 해부학을 흡수함으로써 획득할 수 있었던 구조와 형태를 중심으로 몸을 바라보는 근대적 시선, 인구관리를 위주로 한 제국주의적 위생의 시선이 유기적으로 얽혀 있었다고 볼 수 있다.

'건강'이라는 단어가 일반적으로 사용되기 시작한 것은 메이지 유신 이후의 일이다. 당시 일본의 난학자들은 'health'를 표현하기 위한 새로운 용어를 만들 필요를 느꼈는데, 기존의 '상태'의 좋고 나쁨, '기분'이 나은가 아닌가의 주관적인 판단이 아닌, '건강'은 신체의 해부학적인 구조나 생리학적인 메카니즘 등의 의학적 근거에 기초하여 객관적으로 판정하는 개념으로 바뀌게 된다.

사실 'health'는 처음에는 중국어 번역인 '정신(精神)'으로 표현되기 했다. 그만큼 정신건강의 영역까지도 포함된다고 볼 수도 있지만, 여하튼 근대 일본의 계몽사상가인 후쿠자와 유키치(福澤諭吉)가 앞장서서 사용함으로써 정착되기 시작했다. 그는 처음에 『서양사정초편(西洋事情初編)』(1866)에서 학생들이 공부하면서 얻은 울

분을 해소하여 마음을 개운하게 하여 건강을 보전한다는 이야기를 기재하면서부터 '건강'이라는 용어를 사용하기 시작했다.

〈후쿠자와 유키치(1835-1901)〉

『통속민권론(通俗民權論)』(1878)에서 후쿠자와 유키치는 '건강'을 사람이 사회 중에 무엇을 할 것인가에 대한 이상적인 내용으로까지 확대하면서 소극적인 양생법이 아닌 스모, 검술, 수영, 경마 등과 같은 격렬한 운동을 통한 적극적인 양생법을 장려하고 있다. 이후 『시사소언(時事小言)』(1881)에서는 건강의 개량까지도 주장하면서 국가가 국민의 건강을 관리하는 것으로까지 나아간다. 이러한 개화론자들의 'health' 개념의 소개를 통해 건강이라는 것이 개인의 자발적인 노력에서 나아가 국가에 의해 강제될 수 있는 것으로까지 확장되었다.

'건강' 개념이 존재하지 않았던 조선은 일본의 식민 지배를 통해 새로운 '건강' 개념이 이식되게 된다. 조선의 전통의학은 내면의 수양을 통한 양생(養生)에 많은 관심을 가졌다. 건강은 내부적으로 지켜야 할 몸의 자산이며 병을 일으키는 외부적 원인도 내면의 다스림으로 물리칠 수 있다고 보았다. 건강은 몸 외부의 자연과 몸 내부의 자연이 조화를 이룬 상태를 의미했다.

물론 건강에 대한 이러한 인식은 조선 사회를 지배한 양반계급을 대상으로 한 것이고, 대다수 조선의 민중들은 뚜렷이 경계 지을 수 없는 다양하고 복잡한 방식으로 건강을 지키고자 했으며, 그러한 방식에는 유교적 도덕관, 도교적 자연관, 무속이나 불교의 신앙 등이 뒤섞여 있었을 것이다.

개항기 이전 조선에는 유교적 이상과 도교적 자연관을 반영한 동의보감으로 대표되는 한의학이 존재하고 있었지만 사실 이것은 왕실과 사대부를 위해서는 유용한 것이었겠지만 일반 민중들이 읽고 참고하기에는 무척 난해하고 복잡한 체계로 되어 있었다. 의원에 대한 자격기준도 있었던 것이 아니었기 때문에 유학을 공부하는 선비들이 의서를 통해 의학이론을 배우거나 약방에서 어깨너머로 배운 의술로 활동을 하는 자들이 주로 있었고, 이들의 수도 많지 않았기 때문에 일반 백성들은 각종 민간요법이나 무속에 의지해 질병의 고통에서 벗어나고자 했다. 『하멜표류기』에 이러한 상황이 나타나고 있는데, 병이 걸렸을 때 많은 백성들이 일반 의원들을 만날 수 없기 때문에 장님이나 점쟁이, 또는 무당을 찾는다고 하였다.

이러한 상황으로 보아 조선 시대 사람들은 그들의 건강에 대한 생각을 『동의보감』으로 대표되는 유교적 이상과 도교적 자연관을 반영한 한의학의 담론체계 하에서 인식하거나 무속적 종교관에 의존하는 형태로 복합적으로 자신의 입장에서 병과 건강에 대해 생각했던 것으로 보인다. 이후 1884년 갑신정변에서 큰 부상을 입은 민영익을 성공적으로 치료해 고종의 신임을 얻은 알렌이 1885년 최초의 서양식 국립병원인 제중원을 설립하면서 미국의 의학이 들어오면서 기독교적 사랑의 정신과 대상을 무차별적으로 물화(物化)하는 과학(생의학)적 시선을 받아들이게 되었다. 또한 모든 것을 국가이익에 종속시키고 도구화하는 일본의학의 시선을 만나면서 몸과 건강에 대한 인식의 변화를 받아들였던 것이다.

일본은 메이지 유신 이후 의학 부문에서도 전면적인 서양 보건의료 도입을 가져왔는데, 독일식 의학교육과 국가주의적 교육을 중심으로 서양의학의 효용을 가장 효과적으로 이용할 수 있는 군의제도 정비가 그 중심에 있었다. 1871년 사족(士族)들을 대상으로 오사카에서 실시된 첫 번째 신체검사 기준은 단지 '오척 이상으로 병역을 감당할 수 있는 자'뿐이었지만, 이후 평민대상의 징병검사에서는 신장, 체중 외에 마비, 탈장 등의 질병이나 허약함 등의 항목이 추가되었다. 이후 점차 이러한 신체검사는 소학교로 퍼져나가 전국적인 표준에 따라 연령별 몸 상태를 서열화시키는 결과를 가져오게 된다.

일제는 이후 식민지 조선에 자국의 징병령과 같은 제도를 도입하여 병사를 충원했으며, 서양의학에 근거하여 건강 정도를 판단하였고 결과에 따라 몸을 서열화하여 관리하였다. 이렇게 '건강' 개념이 제국주의 일본을 통해 식민지에 이식되었고 지배와 피지배 국가 사이에서 벌어진 '몸'을 둘러싼 역학 관계는 일본과 조선뿐만 아니라 일본과 중국 등 다른 동아시아 나라에서 비슷하게 전개되었다.

2. 서양의 근대인문학과 치유

1) 근대의 인문학과 치유

르네상스: 기적의 해석과 암시의 효과

그리스·로마 시대에 교양인을 양성하기 위한 일반 교육을 의미하던 인문학은 르네상스 시대에 오면 중세의 신중심의 부정적 인간관을 극복하면서 고대의 인간관을 다시 계승하면서 인문학은 '교양을 위한 학문', '인간의 정신을 고귀하고 완전하게 하는 학문'으로 주장되었다.

이러한 가운데 '기적(Wunder)'을 합리적으로 설명하려는 인문주의자들의 노력은 병에 걸렸을 때 심리적 요인의 중요성을 꽤 강력히 간파하게 되었다. 400년 전에는 '상상(Imagination)'이라 했고, 현재에는 보통 암시라 불리는 약간은 이해가 된, 심리적 기구가 많은 질병의 발생요인으로, 또한 질병의 치료요인으로 인정되었다. '상상'의 역할을 연구했던 저자들로는 네테스하임(Nettesheim)의 코르넬리우스 아그리파(Cornelius Agrippa), 파라켈수스(Paracelsus), 폼포나티우스(Pomponatius), 피코 델라 미란돌라(Pico della Mirandola), 델라 포르타(Della Porta), 카르다누스(Cardanus)와 리바비우스(libavius) 등이 있었다. 그러한 연구와 관련하여 코르넬리우스 아그리파의 제자 요한 바이어(Johan Weyer)는 그 불행한 마녀들이 악마의 동맹자가 아니라, 정신병의 증례라고 후세에 기억할 만큼 과감한 확언을 했던 것이다. 바젤 사람인 펠릭스 플라터

(Felix Plater)는 질병의 분류를 시도한 최초의 한 사람으로, 정신병의 관찰과 치료에 특별한 주의를 기울였다.

광기의 재인식

고대 그리스 이래로 광기는 창조성과의 관계에 중요시되어 왔다. 플라톤은 "신에 의해서 주어진 것 중에서 광기는 좋은 것 중에서도 가장 좋은 것"이라고 말하였다. 그런데 근대에는 광기가 인간의 정신병리로서 격리 또는 치유의 대상이 되었다. 원래 광기는 치유해야 할 자연적인 질환으로서가 아니라, 어떤 초자연적인 상태로서, 또는 정상의 인간에게는 얻기 어려운 어떤 것을 초래하는 신성한 현상으로서 사람들로부터 받아들여지기도 하였다. 고대 사회에서 광기의 인간이 신의 소리를 전하고, 민중을 이끄는 중개자의 역할을 수행했다는 것도 그 일례이다.

이런 광기의 역할은 유럽제국만이 아니라 아랍계의 국가나 이슬람권에도 보이며, 유라시아 대륙에 널리 분포하는 샤머니즘 중에도 인정된다. 어쨌든 광기는 〈신의 광기〉로서 사회에 널리 받아들여졌는데, 이와 같은 고대의 광기에 대한 인식이 역전의 양상을 보이는 것은 유럽에서는 그리스도교가 사회생활의 원리가 되는 중세에 들어온 이후이다. 교회의 권위가 내부모순에 의해서 동요하는 중세 말기가 되면 광기에 유래하는 이상한 언동은 악마와 손을 잡은 인간 또는 〈악마홀리기(데모노마니아 ; demonomania)〉의 증명이 되며, 박해가 가해지게 된다. 소위 〈마녀사냥〉의 폭풍이 불어온 것은 르네상스에 들어온 이후로, 〈중세 전체를 통해서 처형된 마녀의 수는 가장 진보적인 15세기와 그 후의 2세기 간에 처형된 마녀의 수보다 적다〉라고 전해진다.

중세와 르네상스까지 인간의 광기에 대한 투쟁은 세계의 비밀스러운 힘을 직면하게 만드는 하나의 투쟁이었다. 그러나 근대에 이르러서 광기를 이성이 아닌 것으로 정의함에 따라 정상세계로부터 분리하기 시작해, 광기는 타자성으로 정의되어 왔다.

푸코에 따르면 '고전주의 시대'라고 부르는 17~18세기에 구빈원(救貧院)이 대대적으로 만들어져 광인들은 부랑자, 빈민, 범죄자와 함께 도덕적인 죄악을 뒤집어쓰고 감금된다. 광기는 세상의 비밀이 아니라 인간 안에 존재하는 동물성, 즉 인간이 아닌 어떤 것이 되었다. 18세기 말을 지나면서, 광인과 함께 갇히는 것이 '이중의 처벌'이라고 비난하는 죄인들의 주장으로 광인은 죄인들과 분리되어 정신병원에 수용된다. 이로써 광기에 대해는 의사나 간호사와 같은 이성의 담지자만이 정신의학의 용어를 빌어 광기와 광인에 대해 말하게 되었다.

르네상스라는 시기는 광기에 대한 대응에서 여러 가지 모순을 내포하고, 마녀 박해가 강행되는 한편으로, 광인을 위한 수용시설이 스페인이나 기타 지역에 설립되기 시작해서 의사 J. 바이어의 『악마의 환혹』(1563)이 나타나고, 〈빙의자나 마녀의 대부분은 정신병이기 때문에, 승려가 아니라 의사의 손에 맡겨야 한다〉라고 항의하고, 의학 측에서 맞장구를 쳤다. 이런 쇄신은 후에 〈제1차 정신의학혁명〉(G. 질보그)이라고 평가되는데, 이 〈혁명〉에 의해서 출현한 것이 〈정신병〉이었다. 즉, 그때까지 신비적 자연관이나 마술사상으로 육성된 광기는 의학의 메마른 척도의 대상이 되며, 동시에 사람들에게 격리된 전광원으로 봉입되고, 그 위에 철쇄로 묶여졌다. 프랑스혁명 후인 1793년, 피넬이 파리교회의 비야터에서 이들 철쇄를 푼 사적은 잘 알려져 있으며, 정신병자의 인간화의 제일보라고 평가된다.

이리하여 정신병은 다시 의사들의 치료의 분야에 속했다. 정신적인 장애는 일종의 질환이며, 신들린 상태나 죄악, 범죄 혹은 도덕적 타락이 아니라는 인식이 그 당시까지 잔인한 조건하에 때로는 쇠사슬에 묶였던 정신병 환자들을 인도적으로 치료할 수 있게 했다. 새로운 치료상의 낙관주의는 예를 들면 에라스무스 다윈(Erasmus Darwin)의 회전의자에서와 같이, 때때로 잔혹한 기계적 방법에서 나타났다. 그러나 그 낙관주의가 하슬램(Haslam), 샤이데만텔(Scheidemantel), 및 티소트(S. Tissot)와 같은 사람들 편에서는 정신요법(Psychotherapy)으로 새로이 이해되었다. 사회적인 난점(불만)은 바로 정신병의 원인적인 요인으로 알려졌다. 정신병에서의 새로운 과학적 인도적인 관점은 필리프 피넬(Philippe Pinel)의 전형적인 방법으로 대행되었다. 그는 정신착란에 대한 의학철학적 논문을 썼다. 그는 1794년 파리의 비세트르(Bicetre) 병원에 있는 정신장애 환자들을 그들의 쇠사슬에서 해방시켰다. 피넬은 또한 다른 분야에서 훌륭한 명성을 얻었던 것보다 훨씬 쉽게 정신병 학자로 인정을 받았다. 그는 영향력이 컸던 철학파 '이데올로기(Idéologues)'의 일원이었으며, 유명한 임상가이기도 했다. 그의 성과는 곧 채택되었고, 프랑스 정신병 학자들에 의해 널리 발전해 나갔다. 새로운 정신병학이 영국에서는 윌리엄 베티(William Bettie), 토머스 아놀드(Thomas Arnold)와 윌리엄 피어펙트(William Perfect)에 의해서 그리고 독일에서는 라일(J. O. Reil), 그리고 미국에서는 벤저민 러쉬(Benjamin Rush)에 의해 대표되었다.

2) 정신 건강과 치유

필리프 피넬

필리프 피넬(Philippe Pinel)은 현대 정신병 치료법 확립자의 한 사람이다. 처음에는 신학·철학을 공부하였으나, 30세부터 의학으로 전환, 툴루즈대학에서 의학을 공부하였다. 그 후 파리식물원에 근무하면서 해부학을 연구하던 중 한 친구의 발광이 동기가 되어 정신의학에 뜻을 두게 되었다. 1792년 파리 근교 정신병원의 의사가 되어, 실증적 의학관과 그리스도교적 박애관에 입각하여 그때까지 죄수처럼 다루었던 정신질환자들을 쇠사슬로부터 해방시키고 의학적 치료에 따르는 길을 열어 놓았다.

프랑스혁명이 정점에 달했던 '공포시대' 동안에 일어났던 일이다. 파리의 한 재봉사가 루이 16세의 처형에 관한 비밀을 여러 사람 앞에서 말했는데 그것이 동료들의 의구심을 불러일으켰다. 그는 동료들의 대화를 엿듣다가 그들의 말을 잘못 해석하여, 자신이 조만간 단두대에서 처형당할 것이라는 확신을 갖게 되었다. 곧 이 망상은 그의 모든 행동을 지배하는 강박관념이 되었고 그는 정신병자 수용소에 유폐되었다. 이 '죄의식에 사로잡힌 재봉사'는 결국 파리의 비세트르 병원에 들어가 유명한 정신과 의사인 필리프 피넬에게 치료받았다.

피넬은 그 재봉사에게 병원에서 다른 환자들의 옷을 약간의 대가만을 받고 수선해주라는 일종의 직업치료를 처방해주었다. 일에 몰두하면서 그 환자는 망상적인 강박관념에서 빨리 회복되는 것처럼 보였다. 그러나 이는 일시적인 현상일 뿐이었고, 몇 달 후에 그는 다시 병이 재발하여 고통받았다. 이번에 피넬은 더욱 창의적인 접근법을 택했는데, 그것은 잘 짜여진 연극을 연출하는 것이었다. 그는 세명의 의사를 지정하여 행정관의 옷을 입고 나타나도록 했다. 이 가짜 행정관들은 혁명정부의 입법부를 대표하는 척하면서 재봉사의 모든 잘못에 대해 무죄를 선고하고, 공식적으로 그의 나무랄데 없는 애국심을 칭찬했다. 이 연극의 결과, 비록 그 증상들이 나중에 다시 나타나기는 했지만 재봉사를 괴롭히던 죄의식과 고민의 증상들이 사라졌다고 피넬은 기록했다.

18세기 후반에 접어들어 정신의학의 역사에 중요한 전환점이 일어났는데, 프랑스와 영국의 정신과 의사들 가운데 인간의 중심을 신체에서 정신으로 옮기는 결정적인 변화가 나타난 것이다. 예를 들어 1789년 한 영국 외과의사는 광기는 프시케(Psyche, 영혼)의 탓이라면서 그것은 "모든 육체적, 교감적, 직간접적 흥분이나 자극과는 전혀 무관하며 독립적이다"라고 했다. 광기의 원인이 정신적인 데 있다는 관점이 영향력을 얻게 되면서, 의학계에서는 프랑스의 정신과 의사인 장 에티엔 도미니크 에스키롤(Jean-Etienne Dominique Esquirol)이 말한 '미치광이들의 아이디어, 생각 그리고 계획'에 관심을 기울이게 되었다.

이렇듯 신체로부터 정신으로의 이동은 치료전략의 변화와 도덕치료의 발흥을 수반했다. 도덕치료는 강제적이지 않으며 때로는 의사-환자의 지극히 연극적 만남을 내용으로 하는데, 여러면에서 현대의 정신치료를 예고하는 것이라고 할 수 있다. 도덕치료는 무엇보다도 정신질환자들에 대한 인도주의적 접근이라는 점에서 주목할 만한 것이었다.

치료에 대한 이 새로운 접근방식-피넬의 '죄의식에 사로잡힌 재봉사'에서 잘 나타난-은 정신장애가 망상이나 잘못된 생각에 기인한 것이고, 이러한 생각들이 교정된다면 그 환자는 정상으로 돌아올 수 있을 것이라는 가정에서 시작되었다.

존 로크(John Locke)는 17세기 말에 정신질환자들을 관찰하고 다음과 같이 설명했다.

> "미친 사람들은 내가 보기에 합리적 추론능력을 잃어버린 것이 아니라 몇가지 관념들을 아주 잘못 결합시켜 그것을 진리로 여기는 잘못을 저지르는 것이며, 잘못된 원칙으로부터 논의를 전개하는 탓에 길을 잃는다. 그들은 제어되지 않은 상상으로 인해 자신들의 환상을 현실로 간주하므로 그 환상으로부터 바로 추론한다"

정신병은 그리하여 더 이상 신체적인 질병과 유사한 것으로, 또한 외부 존재에 홀리거나 침범당한 것으로 여겨지지 않았다. 다시 말해서 그것은 심리적인 문제로, 혹은 지성의 문제로까지 변모되었다. 18세기 후반에 유럽과 북아메리카에서는 점점 많은 수의 의사들에게 정신이상자들을 더 이상 닿을 수 없는 존재가 아니었고, 정신이상자와 일반인을 나누던 경계가 모호해졌다. 이러한 변화는 정신질환의 치료가능성을 열면서 오랫동안 의학계를 지배해온 정신질환에 대한 치료적 비관론을 종식시켰다.

도덕적 조치는 정신질환의 핵심인 망상이나 도덕적(즉 정신적) 결함의 제거를 목표로 한다. 이는 집중적인 의사-환자의 만남과 의사측의 많은 창의성과 노력을 필요로 한다. 피넬이 기록한 또 다른 사례는 프랑스 혁명의 반교권주의로 고통받던 한 독실한 가톨릭교도가 지옥에 대한 강박관념에 사로잡힌 것이었다. 영원한 벌을 피하는 유일한 방법이 고대 은둔자의 고행을 따라 하는 것이라고 확신하게 되면서, 그 남자는 어떠한 음식이나 마실 것도 거부했다. 금식이 4일간 계속된 후, 비세트르의 총관리인이었던 퓌생(J.B. Pussin)은 전원 무장하고 요란한 소리를 내며 무거운 체인을 시끄럽게 끄는 몇 명의 병원 경비원들과 함께 그에게 왔다. 퓌생은 잔인하게 처벌할 것이라고 위협하면서 음식을 먹으라고 사납게 요구했다. 얼마 지나지 않아 그는 퓌생이 가져온 수프를 먹었고, 점차 정상적인 식사를 하게 되었으며 피넬에 따르면 결국은 예전의 신체적, 정신적 건강을 되찾으면서 완벽하게 회복되었다고 한다.

키르케고르

쇠렌 키르케고르(Sören Kierkegaard)는 코펜하겐 출생으로 아버지는 비천한 신분에서 입신한 모직물 상인으로 경건한 그리스도교인이었고, 어머니는 그의 하녀에서 후처가 된 여인이었다. 7형제의 막내로, 태어날 때부터 허약한 체질이었으나, 비범한 정신적 재능은 특출하였으며 이것이 특이한 교육으로 배양되어 풍부한 상상력과 날카로운 변증(辨證)의 재능이 되었다. 소년시절부터 아버지에게 그리스도교의 엄한 수련을 받았고, 청년시절에는 코펜하겐대학에서 신학과 철학을 연구하여 1841년에 논문 《이론의 개념에 대하여》로 학위를 받았다.

이성이나 객관적 경험을 중시하는 '차가운 과학'이 지배한 시대인 근대의 철학적 흐름속에서 예외적으로 실존철학자들이 주목한 것이 바로 마음의 고통이다. 심리적 실존철학의 아버지라고 할 수 있는 키르케고르는 인간 영혼의 고통과 관련된 심리영역을 철학의 핵심 대상으로 삼았다.

그는 마음의 상태 가운데 하나인 절망을 병, 그것도 인간을 죽음으로까지 유인할 수도 있는 치명적 병으로 표현했다. 그러나 그의 절망론은 극적인 반전을 내포하고 있다. 그는 절망이라는 증상을 삶의 마지막 지점이 아니라 진정한 삶과 조우하는 핵심적 계기, 그것을 통해 삶이 온갖 허위적인 것에서 자유롭게 자신의 실존이 지닌 한계와 대면한다. 이 대면은 절망과 관련된 우리의 삶을 진단하고 절망이 삶에 부여하는 긍정적 관점을 개방함으로써 실존의 심리적 고통에서 자유롭게 한다. 그는 인간의 삶과 죽음의 문제를 물질적 차원에서보다는 정신적 차원에서 생각한다. 그는 진정한 생명의 의미를 육체의 건강보다는 정신의 건강에서 발견하고자 했을 뿐만 아니라 이성의 시대에 실존의 심리 차원의 위상이 지니는 의의를 당당히 설파했다.

절망을 정신 안에, 자기 안에 생긴 병으로 보는 키르케고르는 절망을 세 가지 형태로 구분한다. 첫째 형태는 절망하여 자기가 있음을 자각하지 못하는 것이고, 둘째 형태는 절망하여 자기 자신이려고 하지 않는 것이다. 그리고 셋째 형태는 절망하여 자기 자신이려고 하는 것이다. 키르케고르는 본래적인 의미에서 절망이란 절망하여 자기 자신이려고 하지 않을 때와 절망하여 자기 자신이려고 할 때에 해당된다. 마음의 병에 대한 기존의 학문은 절망을 결코 어떤 긍정적 함의도 지니고 있지 않는 부정적이고 파괴적인 것으로 보았다. 그러나 키르케고르의 절망론에서 절망은 실존이 자기 자신과 만나는 절체절명인 계기다. 절망이 인간을 파멸로 이끄는 치명적인 병이 되는 것은 절망하여 자기가 있음을 자각하지 못하는 것이자 자기 자신이려고 하지 않는 것이다.

다음 키르케고르가 주목한 실존의 조건은 심리적 현상이라고 할 수 있는 불안이다. 그는 불안을 실존의 가능성에 앞선 가능성으로 실존이 지닌 자유의 현실성으로 보았다. 따라서 그에게 불안은 인간을 파괴하는 것이 아니라 인간을 성숙시키고 창조하는 매체 구실을 한다.

따라서 불안은 실존에 부정적이고 소모적이라기 보다는 긍정적이고 창조적인 것으로 파악된다. 인간은 불안에 대한 경험 속에서 가능성에 의해 교육받고 진정한 독학자가 되다. 마치 병의 증상을 통해서 진단하고 병의 원인을 치료하듯이 마음의 고통 또한 징후를 표현함으로써 마음에 있는 병의 원인에 대한 관심을 촉구한다. 그러므로 마음의 고통이라는 징후를 통해서 우리는 보이지 않는 우리 마음의 문제를 알고 치료하는 계기를 얻게 된다는 것이다.

니체의 실천철학

니체(Nietzsche)는 독일의 철학자로 그는 종래의 합리적 철학, 기독교 윤리 등 모든 종래의 부르주아 자유주의의 이데올로기를 부정하고 철저한 니힐리즘(nihilism)을 주장하여 생(生)의 영겁회귀(永劫回歸) 속에서 모든 생의 무가치를 주장하고, 선악의 피안에서서 '약자의 도덕'에 대하여 '강자의 도덕'을 가지고 '초인'(超人)에 의해서 현실의 생을 긍정하고 살아야 함을 주장했다.

니체는 철학이 인식론으로 격하되고 실증주의가 팽배하면서 '철학의 위기' 혹은 '철학의 종말'이 나타났다고 진단하며 철학을 삶의 건강의 문제와 연관해 복원해가고자 하였다.

니체의 건강 철학은 그의 몸 철학과 밀접한 연관이 있다. 병과 건강의 문제는 단순한 육체의 의료적 진단이나 치료의 문제와 연관되는 것이 아니라, 몸의 치료 즉 인간의 건강한 삶의 유지, 자연에 대한 태도, 자기 형성의 문제와 밀접하게 연관되어 있다. 니체에게 건강한 몸을 유지한다는 것은 건강한 섭생을 통한 자기 자신의 유지뿐만 아니라 더 나아가 생명 있는 인간으로 다시 태어나는 것을 뜻한다. 그가 말하는 몸의 섭생이란 자연친화적 육체적 섭생뿐만 아니라 정신적 섭생을 통한 하나의 '인간 우주(Kosmos Anthropos)'로서 자기를 완성한다는 의미를 지니고 있다. 자연을 하나의 정복의 대상으로 인식하고 적대시하는 오만한 근대의 자연관 및 인간관에서 벗어나 자기 지신의 자연적 본성을 실현하고, 세계와 나 자신이 유기적으로 살아있게 연결되는 몸의 현실을 그는 건강이라는 개념으로 이해한 것이다. 몸을 실마리로 한 인간 우주의 실현을 그는 커다란 건강으로, 몸의 실현으로 파악하였다.

철학이 건강의 관점에서 자기 자신을 변형하는 의학이라는 니체의 견해는 궁극적으로 삶의 고통과 병에서 해방되어 힘에의 의지를 통한 삶의 자기 고양과 강화, 즉 새로운 생명의 자각을 지향하고 있다. 니체의 건강철학은 병과 건강의 존재론적 이항대립을 폐지하고 이를 횡단적으로 소통시킴으로써 고통을 통한 삶의 창조나 극복가능성을 보여주고 있다.

육체의 잘못된 습관뿐만 아니라 언어, 행동, 마음 등 인간관계에서의 잘못된 정신적 태도는 자신의 삶을 부정적으로 만들고, 몸에 각인된 이러한 부정적인 삶의 방식이 다시 자신을 병들게 만든다는 것이다. 병이란 다시 말해 단순한 잘못된 육체적 습관의 결과물이 아니라 자신의 삶의 태도와도 연관된 가치론적인 것임을 니체는 강조한다. 삶을 유지하는 잘못된 정신적인 태도는 타인과의 인간관계뿐만 아니라 자기 자신에게도 부정적인 영향을 미칠 수밖에 없으며, 이러한 부정적인 삶의 태도는 역설적으로 다시금 자신의 육체나 정신에 영향을 미치게 된다는 것이다. 니체는 따라서 자연에 맞는 육체적 정신적 섭생을, 즉 몸의 섭생을 강조하였다.

니체는 역사를 과거와 현재의 대화가 아니라, 과거와 현재, 미래의 대화라고 보고 있기에, 미래의 지평 위에서 현재의 생명력을 과거로부터 되살리는 기억과 망각의 터를 역사로 보고 있는 것이다. 이는 역사가 삶에 기여할 때, 즉 삶을 건강하게 만들 때 그 의미를 가진다는 역사의 건강이론을 의미하는 것이다.

니체의 역사관이 제시하는 바는 역사평가 자체가 정치화되거나 정치적 도구로 사용되어서는 안 되며, 역사란 일상 및 현실을 치유하는 삶의 터라는 것과 이는 인간의 성숙을 장려해야한다는 것이다. 이는 삶을 치유하고 현실에 생명력을 불어넣으며 인간을 성숙시키는 문화의 터전이기도 하다. 니체의 역사치료학은 과거와 현재, 미래의 대화를 통해 역사가 스스로 치유될 수 있는 건강한 문화의 터를 가꾸는 것이다.

지그문트 프로이트

지그문트 프로이트(Sigmund Freud)는 1856년 5월 6일 모라비아(현재 체코) 지방 프라이베르크 마을에서 유대인으로 출생하였다. 그가 태어난 오스트리아-헝가리 제국에서 유대인에 대한 편견이 심했다. 그의 아버지는 세번째 결혼한 아말리에(Amalie)와의 사이에서 지그문트를 낳았다. 그의 이복 형은 어머니와 나이가 비슷했다. 이복 형제들에 비해 어머니의 보살핌을 많이 받았고 김나지움 7학년 내내 최우수 학생으로 총명했다. 빈대학 의학부에 입학하여 에른스트 브뤼케 실험실에서 신경해부학(Neuroanatomy)을 공부하였다. 졸업 후 얼마 동안 뇌의 해부학적 연구를 하였고, 코카인의 마취작용을 연구하여 우울증 치료제로 시도했지만 결과는 좋지 못했다. 1885년 파리의 살페트리에르(Salpetriere) 정신병원에서 마르탱 샤르코의 지도 아래 히스테리환자를 관찰하였고, 1889년 여름에는 낭시(프랑스)의 베르넴과 레보 밑에서 최면술을 보게 되어,

〈프로이트〉

인간의 마음에는 본인이 의식하지 못하는 과정, 즉 무의식이 존재한다는 것을 굳게 믿게 되었다.

이보다 앞서 J.브로이어는 히스테리환자에게 최면술을 걸어 잊혀져 가는 마음의 상처(심적 외상)를 상기시키면 히스테리가 치유된다는 사실을 발견하였다. 프로이트는 브로이어와 공동으로 그 치유의 방법을 연구, 1893년 카타르시스(Katharsis:淨化)법을 확립하였다. 그러나 얼마 후 이 치유법에 결함이 있음을 깨닫고 최면술 대신 자유연상법을 사용하여 히스테리를 치료하고, 1896년 이 치료법에 '정신분석'이라는 이름을 붙였다. 이 말은 후에 그가 수립한 심리학의 체계까지도 지칭하는 말이 되었다.

1900년 이후 그는 꿈 · 착각 · 해학과 같은 정상심리에도 연구를 확대하여 심층심리학을 확립하였고, 또 1905년에는 소아성욕론(小兒性慾論)을 수립하였다. 그의 학설은 처음에는 무시되었으나, 1902년경부터 점차 공명하는 사람들(슈테켈, 아들러, 융, 브로일러)이 나타났으며, 1908년에는 제1회 국제정신분석학회가 개최되어 잡지 《정신병리학 · 정신분석학연구연보》(1908~1914) 《국제정신분석학잡지》 등이 간행되었다. 또 1909년 클라크대학 20주년 기념식에 초청되어 강연한 일은 정신분석을 미국에 보급시키는 큰 계기가 되었다. 제1차 세계대전 후 사변적 경향을 강화하여 이드(id) · 자아 · 상위자아(上位自我)와 같은 생각과, 생의 본능과 죽음의 본능이라는 설을 내세웠다. 1938년 오스트리아가 독일에 합병되자 나치스에 쫓겨 런던으로 망명하고, 이듬해 암으로 죽었다.

20세기의 사상가로 그만큼 큰 영향을 끼친 인물은 없으며, 심리학 · 정신의학에서뿐만 아니라 사회학 · 사회심리학 · 문화인류학 · 교육학 · 범죄학 · 문예비평에도 큰 영향을 끼쳤다.

Ⅳ

현대: 치유, 다시 인문학에 주목하다

1. 철학치료
2. 문학치료
3. 예술치료
4. 의료인 문학
5. 인문치료

Ⅳ. 현대: 치유, 다시 인문학에 주목하다

1. 철학치료

철학은 삶의 지혜로서 테오리아의 성채 안이 아니라 성곽 밖 삶의 현장에 임할 때, 인간이 고안해 낸 것들 가운데 가장 중요한 것이 되고 지혜로운 삶에 없어서는 안 될 것이 된다. 곧 철학은 실천학문으로서 임상공간인 삶의 현장에 있을 때 더욱 큰 힘을 발휘할 수 있게 된다.

철학은 성찰의 학문이다. 성찰은 돌이켜 생각하는 것이기 때문에 마음성형의 전제이고 시작인 것이다. 자기 자신을 돌아보고 생각을 고치거나 마음을 바로잡는 것은 치유적인 행위이므로 철학은 치료적이라고 할 수 있다. 예컨대 '너 자신을 알라'는 소크라테스의 자기 인식 요구가 그것이고 유학의 수양론을 통해 인성을 바로잡는 행위도 이에 근거가 된다. 또한 불교에서 중생이 고뇌의 원인인 괴로움을 없애고 깨달음의 경지로 나가기 위한 방법인 팔정도(八正道)도 마음치료의 한 방법이다.

생철학자 니체는 오래전 '철학치료'의 방법론적 기초가 되는 몸의 텍스트 해석 문제를 제기하였다. 그는 몸의 징후로 나타나는 정열 힘 건강 피로 무기력 신경증 장애 등 몸의 텍스트에 주목했다. 몸은 우리가 살아가는 삶의 현장을 소통시키는 언어라는 것이다.

인간의 심리와 영혼의 세계에 대한 통찰을 통해 인간을 보다 심층적으로 이해하고 나아가 내면세계에서 고통스러워하는 정신적 상처를 치유할 수 있다고 보았다.

철학치료는 아헨바흐에 이르러 본격화 되었다. 그는 1980년대 초에 '철학상담'이라는 개념을 만들었다. 철학치료의 효시로 꼽는다. 이후 독일과 미국을 중심으로 상당한 성과를 거두고 있다. 1982년 독일에 철학실천학회가 설립되었고, 1999년에는 국제 규모로 확대되었다. 미국철학상담사학회는 철학상담사 자격증 제도까지 운영한다. 미국의 철학치료사 루 매리노프의 저서 '철학으로 마음의 병을 치료한다'는 국내에도 소개되었다. 철학의 현실응용으로 이해된다.

유학을 철학치료에 적용하려는 시도도 활발하다. "근심하면 병이 생긴다. 병이 생기면 지혜가 사그라진다. 지혜가 사그라지면 기준을 잃는다. 기준을 잃으면 멋대로 행동한다. 멋대로 행동하면 재앙과 해로움이 찾아온다." "우울이 병을 일으키고, 병이 깊어지면 죽음에 이른다." 한비자의 '해로와 관자의 내업'에 나오는 얘기다. 질병은 마음에서 비롯된다고 여겼으므로 마음의 병은 욕망을 제어하지 못하고 마음의 본성을 상실한 데서 유래한다는 견해다.

동양철학은 그 자체가 철학치료의 유용한 수단이다. 최근에는 서양의 철학치료가 동양철학을 주시하고 있다. 유학의 '사단칠정론'도 철학치료의 방법으로 재고된다. 인도철학도 마찬가지다. 이러한 치료는 현대사회의 병리현상이 심각하며 동시에 기존 의학으로도 해결할 수 없는 영역이 존재한다는 사실을 반영한다.

실존치료

실존치료는 사르트르와 하이데거의 철학적 사상을 인간의 심리적 문제의 해결에 적용하는 것으로, 인간실존을 의미(意味)·가치(價値)·선택(選擇)의 관점에서 이해하려고 하며, 이들의 좌절과 고통이 곧 인간의 심리적 문제의 핵심이 되는 것으로 간주한다. 따라서 삶의 긍정적 측면만이 아니라 고통·죽음·불안 등과 같은 부정적 측면의 의미와 가치, 그리고 그와 관련된 선택의 과정을 내담자가 이해할 수 있게 하는 것이 주목적이다. 실존치료의 기본전제는 인간은 자기가 원하는 것을 선택하고 모든 행동은 선택을 표현하는 것이기 때문에 상담과 치료는 선택에 관련된 가치와 의미를 분석하는 것이라고 한다.

실존치료는 어느 특정 개인이나 집단이 설립한 것이 아니다. 1940년대와 1950년대의 철학의 주류는 유럽의 여러 지역에서 심리학이나 정신 의학의 여러 학파에서 실존치료가 자발적으로 일어나도록 하였다. 고립, 소외, 무의미 등과 같은 현대 생활의 딜레마에 빠져있는 사람들에 대한 관심에서 실존치료는 생겨났다.

프랭클(Viktor Frankl)은 실존치료 발달에 중심인물이었다. 그는 "삶의 이유를 아는 사람은 삶의 방법도 안다"라는 니체의 말을 자주 인용하였다. 그는 이 말이 모든 심리상담·치료의 좌우명이 될 수 있다고 주장하였다. 그리고 니체로부터의 또 다른 인용 "나를 죽이지 못하는 것은 나를 더 강하게 만든다"는 프랭클 자신의 경험이나 저서의 핵심이다.

또한 프랭클은 "의미를 통한 심리상담·치료"라는 뜻의 의미치료를 개발하였다. 의미치료는 또 다른 뜻에서 역설적 치료라고 하기도 한다.

기존의 마음치료가 주로 전문가가 일방적으로 실행한 것이었다면 철학치료는 자지 자신이 하는 자기치료, 즉 치료의 주체와 객체로서 주체의 이중적 의미를 띤 자기치료를 근간으로 한다. 이렇듯 철학의 한 갈래로서 실존철학은 인간의 고통에 관심을 기울임으로써 실존적 삶의 위기를 극복하려고 한다. 그리고 철학적 과정에서 주목할 점은 자신의 실존 문제를 의사에게 모두 맡기는 대신 실존이 철학적 사유를 함으로써 스스로 문제를 해결하는데 주력하는 자기치료라는 점이다. 기존의 마음치료사들이 주로 마음의 병을 부정적인 것으로 간주했다면 철학자들은 그것을 삶의 자연스럽고 적극적이고 긍정적인 것으로 확장해 생각하였다.

프랭클

빅터 프랭클(Viktor Prankl)은 정신치료법이 현대의 집단신경증이라고 할 수 있는 실존적 공허를 극복하기 위해서는 인간을 '아무것도 아닌 존재'라는 가르침, 즉 인간을 생물적, 심리적, 사회적 조건의 결과물이거나 유전과 환경의 산물에 지나지 않은 존재로 보는 이론의 태생적 위험을 지적해야 한다고 역설했다. 그는 결정론적 입장이 결국 인간이 자유로운 존재라는 것을 심리요법에 따라 신경증적 숙명론의 형태로 조성하고 강화시키는 불행한 결과를 초래해 인간의 삶을 더욱 비극적으로 만드는 것으로 보았다. 이처럼 실존의 진정한 의의는 유한적 조건 자체에서 해방되는 것이라기보다는 그것에 대한 부정적 해석과 태도에서 해방되는 것이라고 할 수 있다.

현대인의 삶에서 인간의 실존과 관련해 새롭게 등장하는 증상 가운데 주목할 만한 것은 '고통 기피'이다. 현대인은 인간의 삶에 자연스럽게 생기는 현상인 고통을 과도하게 부정하고 두려워하고 기피하는 새로운 증상에 시달리고 있다. 고통 기피는 고통스런 현상이 나타나기 전에 고통을 피하게 하는 안전장치 구실을 할 수 있지만 과도한 고통 기피는 고통의 발생 못지않은 고통을 초래한다.

또한 현대인은 고통은 고사하고 불편함도 견디기 어려워한다. 적지 않은 경우에 인간은 고통스럽지 않기 위해 그리고 불편하지 않기 위해서만이 고통과 불편을 감수하는 경향이 있다. 어쩌면 현대인에게 유일하게 고통과 불편함의 감수가 의미있는 행위로 간주되는 것은 불편과 고통을 피하는 것과 관련된 일들일 것이다. 불편과 고통에 대한 과도한 기피현상은 인간의 삶에 자연스럽게 수반되는 불편과 고통을 단지 소모적이고 무의미하고 수치스러운 것으로 간주한 결과 마음의 고통이 인간의 삶에 기여하는 생산적이고 창조적인 면까지 불식시키는 부작용을 초래한다.

프랭클은 신경질환 환자에게 자주 나타나는 증상인 예기불안, 즉 자기가 실패할 것이라는 예감 때문에 생기는 신경증을 분석하면서 공포 때문에 진짜로 두려워하던 일이 일어나는 방식에 주목한다. 프랭클은 이러한 현상을 두고 '공포는 사건의 어머니'라고 표현했다. 두려움이 결국 두려움의 결과를 초래하는 원인이 되는 것이다. 이것을 그는 과잉투사라고 이름 붙이고, 역투사로 이것을 치료한다.

2. 문학치료

인간은 문학적 존재이다. 인간은 이야기 속에서 살아간다. 이야기 속에서 태어나고 이야기를 만들며 살다가 한편의 이야기를 완성하면서 생을 마감한다. 그러므로 인간의 모든 삶의 이야기가 모두 문학인 것이다. 그것이 언어적이든지 비언어적이든지, 그리고 표현되었든지 표현되지 않았든지, 상상이든지 아니든지 모두 문학이라 할 수 있다. 왜냐하면, 사람이 사는 곳에 이야기가 있으며, 삶이 있는 곳에 이야기가 있으며, 삶이란 곧 이야기로 구성되어 있기 때문이다. 그러므로 문학은 인간의 삶 그 자체이며, 문학을 통해 자신의 삶과 자아를 구성해 나간다.

또한 인간은 세상, 즉 자연과 사회 그리고 우주 속에서 삶을 살아간다. 그리고 인간은 세상 속에서, 자신 외의 존재와 상호작용하면서 자신과 자신 외의 존재의 삶의 의미와 관계를 깨달아 가면서 살아가는 존재이다. 모든 것은 하나로 맺어져 있으며, 모든 것은 연관되어 있어 인간도 '생명의 직물'의 한 가닥 실에 지나지 않는다. 즉 인간은 자연과 사회 그리고 우주 속에서 그것들의 일부로서의 삶을 살아간다는 것이다. 그러므로 인간은 세상 속에서, 자신 외의 존재와 상호작용하면서 자신과 자신 외의 존재의 삶의 의미와 관계를 깨달아 가면서 살아가는 존재이다. 그 속에서 인간의 삶의 의미는 인간의 내적 성장과 발달에 있으며, 삶의 과정에서 겪는 내적 갈등과 장애는 인간의 삶을 풍요롭게 가꾸는 거름이며, 깨달음으로 이끄는 시련인 것이다. 그런데 삶을 사는 일은 바로 이야기를 만드는 과정이고 당연한 결과이므로 인간의 삶은 곧 문학이다.

그러므로 문학치료에서도 문학을 인간의 삶 그 자체로 정의해야 한다. 다만, 문학치료에서의 문학은 인간의 삶이 심리적이고 정신적인 인간의 내적 성장과 발달에 주로 관심을 두고 있기 때문에 조금은 다르게 표현된다. 즉, 문학치료에서의 문학은 인간의 삶, 즉 인간의 성장과 발달에 관한 이야기이다. 그리고 그 과정에서 발생하는 심리적 · 정신적 갈등과 장애의 발생과 극복을 통한 깨달음과 성숙에 관한 이야기라고 할 수 있다. 그것이 언어적이든지 비언어적이든지, 표현되었든지 표현되지 않았든지, 상상이든지 아니든지, 그리고 그것이 크든지 사소하든지 모두가 문학이다. 그 형태가 있든 없든, 그리고 무엇이든지 간에 인간의 성장과 발달에 관한 이야기이며, 그 과정에서 발생하는 정신적 · 심리적 갈등과 장애의 발생과 극복을 통한 깨달음과 성숙에 관한 이야기이다.

그런데 어떤 인간은 자신의 성장과 발달의 과정에서 정신적 · 심리적 갈등과 장애 등의 문제적 상황에 직면하기도 한다. 이럴 때 인간은 고민과 갈등에 빠져 자기의 정체성을 잃고, 혼돈과 괴로움 속에서 절망하기도 하고 방황하기도 한다. 자신의 삶의 흐름을 잃어버리고, 심지어 '지금 여기'에서의 자신의 삶의 이야기를 의도적 왜곡하여 받아들이며 살게 되기도 한다. 물론 그러한 삶도 어떤 인간의 이야기이다. 그렇지만 건강하고 행복한 삶은 아닌 것이다.

이러한 문제적 상황은 타고난 자아와 인생의 초기에 체험을 통해 형성된 자아를 바탕으로 자신을 둘러싼 사회, 문화와 자연 등의 환경과의 관계에 의해 다양하게 형성된 자아를 하나 이상 갖고 있기 때문이다. 인간은 삶의 중심인 자신의 자아 외에도 완전한 인격체는 아니지만, 자아가 하나 이상 있다. 즉, 인간은 타고난 자아와 인생의 초기에 체험을 통해 형성된 자아를 바탕으로 자신을 둘러싼 사회, 문화와 자연 등의 환경과의 관계에 의해 다양하게 형성된 자아가 있다. 이러한 관계 속에서 형성된 자아가 인간이 갖는 또는 가져야만 하는 역할, 습관, 규범에 의해 형성된 인격적 모습이 페르소나이다. 이것은 본래 우리 얼굴이 아닌 역할연극을 위해 가면으로 쓴 것과 같다. 그런데 그 각각은 정서적 습관, 특징적인 사고방식, 타인과 인간관계를 맺는 방식, 자신을 둘러싼 주변 자연적 · 문화적 환경 등에서 각기 다른 특성을 가지고 상호작용한다. 문제는 이러한 상호작용 가운데 이들 각각의 페르소나가 서로 다른 이해와 요구로 인해 갈등과 장애를 일으킬 때이다.

그런데 이런 페르소나는 자아의 인격적 모습일 뿐, 각각 본질적으로 자아이다. 여기서 중심자아와 분열된 자아이면서 부차적인 자아인 주변자아라는 개념이 생성된다. 따라서 자신을 둘러싼 사회, 문화와 자연 등의 환경과의 관계에서 다양하게 형성된 자아 중 자신의 중심의 삶을 이끄는 자아가 중심자아이고, 이러한 중심자아와 관계를 맺고 상호작용하는 부차적인 자아가 주변자아이다. 즉, 인간의 삶의 중심에 있는 자아를 '중심자아'라고 하면, 그 외 부차적인 자아를 중심자아에서 분열된 자아, 즉 '주변자아'라고 한다.

여기서 중심자아에는 인간의 긍정적인 삶과 선(善)의 지향을 내포하는 개념이다. 인간은 누구나 인간다운 삶, 참된 삶, 정의로운 삶 등으로 표현되는 선(善)한 삶을 지향한다. 따라서 인간의 중심자아는 본질적으로 긍정적이고 선(善)하다라고 볼 수 있다. 물론 어떤 인간은 문제적 상황으로 인해 자신의 삶이 왜곡되어 일시적으로 중심자아와 주변자아 간에 주객이 전도된 상황에 도달할 수도 있다. 하지만 어떤 인간의 삶이 왜곡되어 본 모습을 잃고 방황하는 모습으로 나타날 지라도 그 인간의 중심자아는 긍정적이고 선(善)한 것이라 할 수 있다.

마찬가지로 주변자아라고 부정적인 자아만은 아니다. 대체로 중심자아에서 분열된 주변자아는 부정적인 성격을 지니지만 어떤 인간의 삶이 왜곡되어 나타날 때, 중심자아를 도와주는 긍정적인 주변자아가 있기 마련이다. 이는 문제적 상황에 처해 있는 어떤 인간의 긍정적이고 선(善)한 내적 힘이 작동하는 것과 같은 것이다.

그러므로 문제는 본질적으로 자신의 중심자아와 주변자아들 간의 서로 다른 이해와 욕구에 의해 발생하는 갈등과 장애, 즉 문제적 상황인 것이다. 이들 자아들은 서로 다른 이해와 욕구에 의해 갈등과 장애를 일으킨다. 이러한 갈등과 장애는 인간의 삶을 왜곡하고, 피폐하게 만들기도 한다. 정신적으로든 심리적으로든 심지어 신체적으로든 문제적 상황에 처하게 만든다. 여기서 문학치료가 요구된다.

그런데 이러한 문제의 해결은 '자아가 자기 스스로를 대상으로 만들 수 있고, 다른 대상들처럼 자신을 다룰 수 있고, 자신을 관찰하고, 비판할 수 있다'고 한 프로이드의 언급에서 실마리를 찾을 수 있다. 이러한 견해는 자아가 적어도 일시적이라도 나뉠 수 있고, 자신의 여러 가지 기능에 따라 분열될 수 있다는 것을 함의한다. 그런데 자아는 다른 자아에 동화되기도 한다. 즉, 다른 자아를 모방하고, 자신 안에 받아들이기도 한다는 것이다. 이러한 모방과 수용은 이렇게 나눠지고 분열된 자아의 통합이 문제적 상황의 해결과 연관이 있음을 의미한다.

그러므로 문학치료에서는 이러한 견해로부터 각각의 자아가 서로 다른 이해와 요구로 인해 일으킨 갈등과 장애에 대한 치료의 가능성을 갖는다. 하지만 다른 자아를 모방하고, 자신 안에 받아들이는 과정이 무난하거나 문제가 전혀 없다는 의미는 아니다. 그렇기 때문에 이러한 과정에서 발생하는 어려움이나 문제적 상황에서 자신의 삶을 되돌아보고, 자아를 드러내고 대상화하여 성찰하는 과정은 반드시 필요하다. '자신을 있는 그대로' 살펴보고 자신의 심리적이고 정신적인 갈등과 장애, 즉 문제적 상황을 구체화하여 드러내어 대상화하고, 자신의 삶을 성찰하는 과정이 반드시 필요하다는 것이다.

이러한 성찰의 과정을 통해 궁극(窮極)에는 긍정적인 자아이든 부정적인 자아이든 이해하고, 용서와 화해를 통해 수용하여 통합해 나가는 과정이 치료의 과정이다. 그리하여 스스로가 자신의 문제적 상황을 회피하지 않고 직면하여 성찰해 본다면, 위기는 곧 성숙한 삶을 위한 기회의 순간이 될 것이며, 다시 삶의 창조적 원동력으로 작용할 것이다. 그러므로 이러한 자아의 성찰은 자아의 통합으로 이어지고 이러한 성찰과 통합 과정은 궁극적으로 삶의 목적, 존재의 의미 등의 깨달음에 이르게 된다. 결국 이러한 과정은 융이 말하듯이 자신의 고유한 것, 중앙의 것, 즉 자기를 찾게 되는 과정이다.

따라서 문학치료는 이러한 문제적 상황에서 분열된 주변자아를 통합해 자아통합을 이뤄내는 것이라 정의할 수 있다. 다시 말해, 문학치료는 분열된 자아가 작품의 창작이나 감상을 통해 통합된 자아에 도달하여 내담자의 인격적 성숙과 정신적 · 심리적으로 건강한 삶을 돕는 과정을 말한다.

즉, 문학치료는 내담자, 작품, 치료자 등이 치료 원리에 따라 서로 상호작용하면서 '통합된 자아찾기 창작품'을 구성하거나, 작품의 감상을 통해, 자신의 분열된 자아를 찾는 과정을 지나 이들 자아를 통합해 나가는 과정이다.

1) 시치료

시치료(Poetry Therapy)의 어원은 'poetry'(시)와 'therapeia'(도움이 되다, 병을 고쳐주다, 의학적으로 돕다)의 합성어이다. '시'라는 용어인 'poem'과 'poetry'는 그 어원이 희랍어인 'poieses'에서 온 것으로써 '만들다'라는 뜻을 가진 'poiein'에서 온 것으로 '행하는 것' 또는 '만드는 것'이란 두 가지 뜻을 내포하고 있다. 고대 그리스에서는 집을 짓고 농사짓는 일과 시를 동일하게 인식했으며, 시인은 주문을 외워 비를 내리게 하고 수확에 대한 감사의 노래를 하는 사람으로 인식했다는 것도 어원과 밀접한 관계가 있다.

또한 한자의 시(詩)는 언(言)과 사(寺)의 합성어로 '언어의 사원'

이라는 의미를 갖고 있으며, 'poetry'는 새로운 것을 창작하는 행위이고, 언어 혹은 글로 구현하는 창작물을 가리킨다고 할 수 있다. 따라서 시치료는 치료사와 시적주체(분석주체, 피분석자)가 치료적 관계에서 상호작용(interaction)을 하며 시를 읽거나 쓰는 것을 통해 마음의 치유와 성장을 돕고 주체로서 자기다움을 찾아가는 과정이다.

시치료는 시치료사와 시적주체가 시는 물론 듣기, 말하기, 읽기, 쓰기, 생각하기로써의 시적체험의 영역과 응용적 처치로써 시치료에 필요한 모든 보조적 활용 영역까지 포함하는 것을 말한다. 응용적 치유에 쓰이는 활용 소재로는 노래 및 음악 자료, 미술 자료, 동작 자료, 드라마, 영화, DVD, 슬라이드, 하이퍼텍스트, 미디어자료와 같은 영상물 및 다양한 자료들을 내담자 중심으로 융통성 있고 순발력 있게 응용하여 무의식과 심층의 역동을 언어화, 시적 형상화 시킬 수 있다.

시치료의 목적은 시적주체의 내적갈등과 욕망의 문제 및 삶의 위기를 다루며 극복하도록 돕고 마음의 치유와 성장을 통해 자유롭고 풍요로운 삶을 스스로 가꾸며 살아가도록 돕는 것이다. 이를 위해 첫째, 자각과 표현능력을 향상 시키도록 한다. 둘째, 통합된 자아형성을 형성하도록 한다. 셋째, 상생하는(win-win) 대인관계를 할 수 있도록 한다. 넷째, 자기다움을 찾고 자유로운 삶을 살도록 돕는 것이다.

시작품은 느낌과 욕망을 재현하게 하고, 감성을 자극하여 시적주체의 반응능력을 향상시킬 수 있다. 이는 자각과 표현으로 볼 수 있는데, 시를 읽거나 쓸 때 자신의 감정 상태에 대해 구체적으로 알 수 있고, 시나 시적인(poetic) 글쓰기로 풀어 낼 수 있으며 자신의 심리적 상태에 대해 자각이 될 때 더욱 명료하게 표현할 수 있다. 때때로 억압된 것들의 되돌아 온 것에 대해 무의식적 직관으로 어떤 이미지가 떠올라 그것을 붙잡아 표현할 수 있고, 표현된 것은 다시 자신의 내면 상태에 대해 자각할 수 있도록 자극 또는 단서를 제공한다.

시적주체가 자신을 있는 그대로 수용하거나 치료자에 의해 시적주체의 상태를 무조건적으로 수용하는 순간부터 치유가 시작된다고 볼 수 있다. 어떤 정신적 외상(trauma)이나, 억압된 상황들을 현실적으로 수용해야하는데 그렇지 못할 경우에 갈등과 혼란 상태에 놓이게 된다. 있는 그대로의 모습이나 내 앞에 닥친 위기의 상황, 모호한 여러 가지 일들에 대해 있는 그대로 보고 마음을 비우고 수용할 수 있을 때 자기다움의 시작이 가능하다.

그러기위해서는 시치료사의 개입과 시를 통한 시적 공간에서의 내적 욕망을 충분히 풀어내고 다룰 수 있을 때, 자신에게 너그러운 관대함과 자비로운 마음으로 공감하고, 진실되며 솔직성이 일치되며 재현된 것들에 대해 직면할 수 있어야 한다. 자신의 한계를 있는 그대로 수용하고 존중할 수 있을 때, 통합된 자아를 형성하게 된다. 통합된 자아란 슬픔 · 기쁨과 같은 두 감정 및 애매모호함을 수용 및 견딜 수 있는 능력을 함의한다.

대인관계서도 나의 느낌과 욕구를 인식할 줄 알고 타자의 욕망에 귀속되지 않으며, 타자의 감정과 욕구, 처지를 공감할 수 있다면 서로 다른 독립된 주체로서 주체와 주체가 인격적인 연결이 되어 소통되는 유대감이 생긴다. 이는 서로를 존중하고 원만하고 창의적인 관계로 이어져 상생하는 상호주관적 관계를 형성할 수 있도록 한다.

시치료를 통해 자신에 대해 더욱 이해하게 되고 무엇인가를 새롭게 통찰하게 되면, 타자와 세상을 보는 눈이 달라질 수 있고, 자기다움을 회복하여 주체로서의 재탄생된 독립적 존재로서 자유롭고 풍요로운 삶을 가꿀 수 있을 것이다.

2) 이야기치료

내러티브의 치료적인 관점에 따르면, 인간의 억압적인 태도의 영향은 문제가 진술된 것에 기인한다고 한다. 진술된 지식 자체에 우리가 종속되거나 그 지식에 의해 우리의 태도가 구성된다는 의미이다. 그러므로 개인의 정체성은 개인 자신이 알고 있는 그 무엇에 의해, 그리고 우리 자신을 어떻게 묘사하느냐에 따라 구성된다. 화이트는 '이야기가 우리의 경험을 해석할 수 있도록 구조를 제공하고, 이런 행동의 해석은 행동으로 수행된다'고 한다.

이러한 내러티브의 관점은, 우리 자신에 대해 무엇을 알고 있다는 것은 우리가 속해 있는 문화적 관습의 이해와 연결되어있다. 우리는 언어적 관습에 전제된 보이지 않은 사회의 통제와 암묵적인 사회문화적 양식의 조정에 지배를 받는다. 그러므로 개인의 특성에 속해있는 그 무엇은 우리의 생각과 존재의 방식으로 서술되어 있는 것에 의존하여 형성된다. 개인과 타자와의 상호작용 그리고 사회문화적으로 구성된 것에 의해 인간의 특성이 형성된다.

서구 문화와 다양한 토착문화를 연구한 에드워드 부르너는 사람들이 자신의 이야기를 말할 때 실제적인 경험에 대한 이야기만 단지 말하지 않는다고 주장한다. 이야기는 우리자신이 말한 이야기, 다른 사람이 우리에 대해 말한 이야기, 실재에서 형성된 이야기로 구성되어있다. 결과적으로 이야기가 삶을 위한 좌표계가 된다는 것은 우리에게 매우 중요한 의미를 가져다준다. 다르게 말하면, 이것은 이야기가 우리가 보는 어떤 것만 단지 묘사하는 것이 아니라는 것이다. 반대로 이야기가 우리가 보는 무엇인가를 구성한다고 할 수 있다.

정신분석학에서도 인식의 전환이 이루어졌다. 무의식과 언어의 관계성에서 "언어가 무의식의 전제조건이다"라고 라깡은 주장한다. 이것은 다른 표현으로 "무의식은 언어의 논리적 함축성이고, 언어 없이는 무의식이 존재하지 않는다"는 의미로 표현 되었다. 리쾨르는 "해석의 갈등"에서 프로이트의 정신분석학을 논의하면서 "무의식은 그것을 대변하는 표상을 통해 안다"고 주장한다. 그러므로 우리가 알 수 있는 것은 충동 자체가 아니라 충동을 대변하는 표상을 통해서이다. 억압에 대한 정의도 "억압은 본질적으로 무의식 조직과 전의식 조직의 경계선에서 표상에 영향을 미치는 과정"이라고 한다. 그러므로, 리쾨르는 무의식에 관한 연구는 "무의식의 파생물에 관한 연구"라고 주장하며 무의식의 내용은 해석 안에서 해석을 통해 형성된다고 한다.

나아가 리쾨르는 프로이트의 사상을 해석학적으로 해석하기에 이른다. 충동은 해석할 수 있는 표현이 있으므로 충동과 본능을 말할 수 있다. 그러기에 꿈이 텍스트이고 증후가 텍스트이다. 기호를 교환하는 의사소통의 그물로 들어오는 텍스트이다. 그러므로 말하고 듣고, 말하고 침묵하는, 말의 작업이 정신분석이므로 정신분석은 기호의 세계에서 이루어진다.

그러나 충동은 언어와 동일한 것이라기 보다는 언어표상 이전의 문제이다. 그런 관점에서 이것은 주체가 말로 자신을 드러내는 현상, 즉 수사학이므로 은유와 환유, 제유법, 암시, 완곡어법, 곡언법을 사용하여 비교된다고 주장한다. 인간의 자기이해는 자기에로 직접가는 이해가 아니라 기호해석 이라는 우회적인 방법을 사용하는 것이 이야기적 관점이다.

그러므로 이야기치료(narrative therapy)는 언어를 매개로 자기이해와 치료를 수행하는 치료기법이다. 이것이 이야기치료의 독특한 방법이며 특징이라 할 수 있다. 일반적으로 이야기치료란 무엇인가의 질문에 대해 엘리스 모건은 '사람들의 삶은 이야기를 통해 살아간다'고 전제한다. 우리는 살아온 삶의 경험을 해석하는 것에서 행동을 취한다. 여기에서 우리는 경험에 대한 상황을 제공하고, 의미를 부여하는 것이 가능하기 위해서는 인식적인 틀이 없이는 우리의 경험을 해석할 수가 없다. 우리의 행동은 그 무엇인가에 영향을 받아 행동하게 된다. 이것이 바로 이야기, 우리 자신의 이야기이다. 이야기는 우리가 살아온 경험의 한 국면에서 표현된 것에 의해 결정된 자기의 이야기이다. 즉, 자기 이야기는 우리가 살아온 경험의 표현 양식에 의해 결정된다. 결과적으로 우리는 이야기에 의해서 살아간다. 이 이야기는 우리의 삶을 형성하고, 구성하고, 용인하게 만든다.

사람은 이야기에 의해 살아간다는 전제는 이야기치료의 출발점이다. 위에서 언급한 것을 보다 개념적으로 명확히 하기 위해서는 리쾨르의 내러티브 이론을 탐구할 과제가 주어진다. 그의 저서 '시간과 이야기'에서 시간과 이야기의 의미 그리고 미메시스 개념을 관찰하는 것이 필요하다. 인간의 본질을 규명하는데 있어서 리쾨르의 과제는 시간이 이야기의 지평에서 해명되어야 하는 것이었다. 리쾨르의 관심은 자신의 저서 '시간과 이야기'를 통해 심화된다. 여기서 먼저 리쾨르는 아우구스티누스와 아리스토텔레스의 시간에 대한 성찰을 자신의 미메시스 이론을 통해서 이야기에 대한 근원적 성찰을 발전시켜나간다.

과거, 현재, 그리고 미래로 나누어지는 시간의 도식에서 인간은 시간경험의 불협화음을 가지게 된다. 이때 인간은 정신의 긴장이라는 인간의식의 시간적 통일능력을 거쳐 비로서 진정한 시간체험으로서 의미를 부여하게 된다. 이러한 시간체험은 이야기하는 인간의 '뮈토스'적 능력을 통해, 이질적인 것을 종합하여, 인간의 시간체험을 시작과 중간 그리고 끝을 가지고 있는 '완결되고 전체적인' 이야기로 변형시키게 되는 것이다.

이 시간은 '이야기된 시간'으로 인간이 느끼고, 체험하며, 행위하고, 그 행위를 되받는 인간의 시간이다. 그리고 우리는 시간적 경험 및 체험에 인간적 의미를 부여할 수 있는 풍부한 언어적 자원들

(상징. 은유. 이야기. 플롯)을 소유하고 있다. 만약 인간의 경험이 이야기화 될 수 없다면 인간의 경험은 불투명하고 혼란스러우며 소통이 가능하지 못할 것이다.

리쾨르가 주장하는 시간과 이야기의 해석학적 순환은 다음과 같은 구조를 가진다. "시간이 인간적이게 되는 것은 시간이 이야기의 방식으로 분절될 때이며, 이야기 역시 그 자신의 온전한 의미를 가지기 위해서는 이야기가 시간적 실존의 조건이 될 때이다." 이처럼 시간이 이야기된다는 것은 이미 시간을 시간이게 하는 전제조건이 된다고 할 수 있다. 이때 이야기되지 않은 시간은 시간일 수가 없는 것이다. 이야기되지 못한 시간체험은 시간체험이 아니라 그저 '알 수 없는 것'에 지나지 않게 되기 때문이다.

리쾨르는, 이렇게 고찰된 미메시스Ⅰ·Ⅱ·Ⅲ를 발전시켜, 전통적으로 고찰되어오던 시간체험의 난제를 인간의 이야기적 본성에 대한 성찰을 통해 극복해나가고 더 나아가 이것을 인간 존재를 이해하는 해석학적 원리로 제시하게 된다. 결론적으로 우리는 이야기를 매개로 하여 '서술하다 이야기하다 – 지시하다'의 관계를 통해 인간행동의 정체성을 이해할 수가 있다. 이러한 내러티브 이론은 이야기치료의 하부구조로서 원리적인 개념으로 작용한다.

3) 글쓰기치료

라이어던(Riordan)은 치료적 목적으로 사용되는 다양한 형태의 글쓰기를 Scriptotherapy라고 하고 있다. 그에 의하면, Scriptotherapy

란 '쓰여진 것' 이란 의미의 라틴어 'sciptum'와 '간호하고 치료한다'는 의미의 'therapia'란 단어들이 합성되어 만들어졌다. 즉, Scriptotherapy란 '치료의 효과를 증진시키기 위해 도안된 글쓰기를 의도적으로 사용하는 것'이라고 정의하고 있으며, 변학수는 창작하는 문학을 글쓰기 치료 Poesietherapie라고 했고, 펜베이커(Pennebaker)는 표현적 글쓰기는 자신의 감정을 털어놓고 표출하기 위해 이루어지는 글쓰기를 말한다고 했다.

드살보(De Salvo)는 치료적인 목적으로 쓰는 글쓰기(therapeutic writing)로서의 저널 치료(Uournal therapy)나 글쓰기 치료(writing therapy)는 정신적, 육체적, 정서적, 영적으로 떠 나은 건강과 행복을 위하여 반성적인 글쓰기를 목적 지향적이고 의도적으로 사용하는 것인데 문제와 관심사, 갈등들과 혼돈에 초점을 맞추어 명료화하는 효과적인 수단이라고 주장한다. 저널치료는 스타일과 기술 창의성, 친밀성, 생의 신비에 대한 안내를 통하여, 전통적인 일기를 비용효과적(cost-effective) 이라고 말하면서, 자기 경영을 제공하는 창의적이고 독특한 치료적 방법으로 바꾸어 놓는다고 말한다.

채연숙은 글쓰기 치료란 말 그대로 글쓰기와 치료가 조합된 개념을 뜻하며 그리스어 Charakter는 글을 쓰는 행위에 해당되고 글을 쓴다는 것은 글 속에 기억이나 상처를 새긴다는 것과 같다고 볼 수 있다고 했으며, 치료 Therapy라는 개념을 보면, 이것은 그리스어 Therapeia에서 유래된 말로 누군가를 신체적, 정신적으로 돕거나 돌본다는 의미를 가진다고 했다.

그 후 다양한 표현예술치료 영역들이 통합되어 오면서 글쓰기치료는 매우 심층적인 글쓰기 행위부터 시작하여 매일 자신의 일상을 메모하고 느낌이나 생각을 기록하는 등 매우 적극적인 글쓰기를 포함한다.

즉 글쓰기치료란 대단한 문학작품을 창작하는 것이나 걸작의 시를 써야하는 것이 아닌, 글을 쓰는 사람이 자신의 글 속에 자신만의 형상을 만들어 내고 자기 자신을 드러내어 자기만의 형태를 만들어 내는 것을 의미한다.

따라서 글쓰기의 치료적 효과를 목적으로 한 글쓰기치료란 정신적, 신체적, 정서적, 영적 건강과 복지를 추구하기 위한 목적으로 의도적으로 반성적 글쓰기 (reflective writing)를 하는 것으로써, 개인이 갖고 있는 염려, 갈등, 혼돈 등의 문제에 집중하여 그 문제들에 대한 분명한 인식과 발견을 위한 효과적 수단이 된다. 글쓰기치료는 과거 전통적인 "일기"의 행태에서 변형된 것으로 스타일, 기술, 창의성, 친밀감 그리고 인생 숙련(life mastery)을 제공해주는 더 순수하고 독특한 치료적 방법으로 비용효과적이면서도 총체적인 자기경영이라고 정의될 수 있다.

글쓰기치료의 역사적 배경을 살펴보면 인류의 역사와 거의 유사한 세월을 거슬러 올라가야 한다. 고대로부터 사람들은 동굴의 벽, 돌, 양피지 등에 자신의 생각이나 감정 등을 기호, 그림 또는 문자로 표현하였다. 곧 종이의 발명과 인쇄기술의 발달로 인해 사람들은 글을 공책에 적기 시작하였다.

서두에서 언급한 바와 마찬가지로 글쓰기 치료는 자신이 직접 쓴 자작시를 노래하고 글로 써봄으로서 왕으로 기름받았음에도 불구하고 그의 신하와 군대를 이끌고 오랜 세월을 피난자로서의 삶을 살았던 고단한 그의 삶의 정서와 감정, 생각들을 기탄없이 하나님께 토로하면서 그의 고통, 애환, 불안, 억울암, 절규, 도피적 삶에 대한 원망, 회환 등의 억압적 상황에서 조금이라도 자유로와지고 싶었던 다윗의 시편자료들을 통해 잘 살펴볼 수 있다.

역사적으로 놀랄만한 가치와 형식을 갖춘 최초의 역사적 저널 기록은 AD 400년에 어거스틴이 쓴 "고백록"(Confessions) 이라고 볼 수 있다. 그는 자신의 청소년기의 죄악으로 가득찬 생활, 청년기의 방탕함, 그리고 그리스도인으로 개종한 후 자신이 육신의 정욕을 이기고 영적 승리를 얻기까지의 고통스러운 참회적 회고를 기록하고 있다. 그의 회고는 마치 오늘날의 분석심리학적 관점에서의 정신과적 자기 분석과 자기이해를 가능케 한 반성적이고도 자서전적 형식의 장편의 저널이라고 볼 수 있다.

10세기경 저널에 대한 개념이 세계적으로 보급되면서, 일본의 궁정 여인들이 자신의 침상의 베개 밑에 "베게 수첩(pillow book)"을 두어 궁정내의 소문이나 자신의 이야기나 바램과 꿈들을 비밀스럽게 표현한 기록들을 찾아볼 수 있다. 19경에는 신사숙녀들이 가죽뚜껑의 저널용 수첩을 소지하는 것이 보편화되어 자기점검의 도구(vehicle of selfexamination)로서 활용하게 되었다.

1930년대는 진보주의 교육의 일환으로서의 글쓰기는 2차 세계대전을 거치는 동안 학생들의 실재적 표현 배출구로 이용되어 가공적인 충격까지 다룰 수 있는 표현방법으로 활용되어 독서치료나

치료적 읽기에 버금가는 중요성을 인정받아 지도과목으로 강화되었다.

1950년대는 미국의 대부분의 소녀들이 일기장을 쓰게 되었고, 프로고프(Progoff) 박사는 그의 환자들에게 저널을 "심리의 연습장"(psychological workbooks)으로 활용하여 자신의 생각, 감정, 불안, 공포 등에 대한 주제로 글을 쓰게 하였고, 1960-70 년대 "집중적 저널법(Intensive Journal Method)"라는 방법을 발전시켜 현대 저널링의 아버지로 불리면서 치료적 도구로서의 글쓰기(저널쓰기)의 확고한 위치를 세우게 되었다. 그리하여 1960년대 심리학과 교육학을 접목시킨 영향력있는 교육수단으로서의 글쓰기는 교사들이 다양한 수업장면에서 비공식적 치료의 도구로 사용되었으나 그 효율성에 대한 임상적 보고는 상당히 빈약한 실정이었다.

글쓰기의 임상적 효과에 대한 최초의 기록은 내과의사 벤자민 러쉬(Benjamin Rush)에 의해 처음 기록 되었고, 그 당시나 오늘날에도 독창적 상담기법이라기 보다는 상담의 부가물로서 활용되고 있다 1980 년대 초기부터 표현적 쓰기가 건강에 미치는 긍정적 영향에 대한 많은 연구주제들이 나오게 되었다.

4) 독서치료

독서는 치료적 가치를 갖고 있다. 독서는 책 속에 등장하는 인물이나 전개되는 사건에 대해 자신을 동일시하거나, 자신의 억압된 감정이나 부정적인 기억을 소산시키는 작용을 통하여 개인적 통찰을 이루기도 한다. 독서치료는 이러한 원리를 이용한 상담심리의 한 분야이다. 독서치료는 아동이나 성인이 스스로 건전한 자아와 가치관을 형성하여 정상적인 발달과업을 이루도록 돕거나, 발달 또는 임상적으로 겪는 정서, 심리, 행동 문제를 치유하는데, 책읽기를 이용하는 것이다.

'사람은 책을 만들고 책은 사람을 만든다.'라는 말이 있다. 책이 사람을 만든다고 하는 것은 책을 읽고 그 내용을 알고 깨달아, 바람직한 사람으로 변화된다는 뜻이 들어 있다고 생각된다. 이 말은 독서치료를 가장 잘 설명하는 짧은 말이다. 고대 그리스의 도시인 테베(Thebes)의 도서관 입구에는 '영혼을 치료하는 곳'이라는 말이 새겨져 있다. 테베의 사람들은 책이 의사소통이나 교육, 치료 등을 통하여 생활을 질적으로 더욱 풍부하게 해준다고 하여 소중하게 여겼던 것이다.

독서는 인간 형성을 위한 교육의 도구이며, 평생 학습사회를 살아가는 우리들에게 필수적인 기능이다. 조선시대의 행복한 가정은 3다(多) 가정이다. 1은 웃음소리요, 2는 아기울음소리요, 3은 책 읽는 소리이다. 독서를 행복한 가정의 조건으로 삼았음을 알 수 있다. 독서는 경험을 확대 시킨다. 독서는 사고력을 신장시킨다. 독서는 정보와 지식을 획득하게 한다. 독서는 언어 발달을 가져온다. 독서는 정서를 함양시킨다. 독서는 청소년들의 성격형성에 영향을 미친다. 독서는 바람직한 인간상을 형성시킨다. 독서는 치료적 가치를 지닌다. 그러므로 독서는 더욱 중요하다. 책 속에 길이 있다. 책은 말없는 스승이다. 독서는 마음의 양식이다.

3. 예술치료

1) 미술치료

미술치료의 근원적인 뿌리는 선조들이 자신들과 외부세계와의 관계를 동굴이나 벽에 표현하고 심상으로 실존의 의미를 추구 하던 선사 시대부터 시작하였다. 구석기 시대의 동굴 벽화에서 알 수 있듯이 미술치료는 오랜 역사를 가지고 발달 해온 인류 문화의 한 부분이라는 점만은 확실하다.

'미술치료'라는 용어는 울만(Elinor Ulman)이 "미술치료 학술지"(Bulletin of Art Therapy 1961) 창간호에서 처음 사용하였다. "미술표현은 한 사람의 외부 세계와 내부세계가 만나는 곳이다."라고 정의 하였으며 미술치료는 미술 활동을 통한 자아표현 자아수용 승화 통찰에 의해 개인의 갈등을 조정하고 심리 문제를 해결하며 자아성장을 촉진시키는 심리치료의 한 분야라고 하였다.

미술치료이란 것은 시대와 문화를 초월하여 의미를 전달하며 내적인 경험을 나타내는 강력하고 효과적인 의사소통 양식이다. 또한 인간의 마음을 어루만지고 정신적인 성장을 돕는 치유의 역할까지 담당한다.

미술치료의 미술활동은 다음과 같은 치료적 도움을 준다. 첫째, 미술은 아동으로 정신과 감각을 사용하도록 한다. 둘째, 아동은 과거나 현재의 사건과 관계되는 생각이나 감정 미래에 대한 생각도 표현 할 수 있다. 셋째, 미술활동은 아동으로 하여 사회적으로 수용되며 안전한 방식으로 분노, 적대감 등을 해소시킬 수 있는 정화의 기능을 가지고 있다. 넷째, 미술활동은 아동이 주도하고 조절하는 활동이다. 다섯째, 미술재료를 선택하고 미술활동을 하면서 완성된 작품은 아동의 성장과 성취감, 개인적인 만족감과 가치감을 갖게 한다. 여섯째, 미술은 주저하거나 말이 없는 아동과 친밀감을 형성하여 치료관계를 이루는데 한 방법으로 치료자에게 유용하다. 일곱째, 미술은 치료자로 하여금 아동의 마음을 다치지 않고 아동의 방어기제를 허물어트리지 않으면서 아동의 무의식 세계를 알아볼 수 있게 해 준다. 여덟째, 미술은 여러 정보와 더불어 아동에 대한 보충적 자료가 되므로 아동을 진단하는데 도움을 준다.

미술활동을 통해 심리치료를 할 수 있는 것은 미술활동이 인간의 심상을 시각화해 놓은 것이고 이 인간의 심상은 경험을 통해 형성되기 때문이다. 미술 활동에서는 개인이 자신도 모르게 쌓은 경험 말로는 표현하기 어려운 생각과 감정 자신의 성격 욕구와 소망 등이 은연중에 나타나기에 우리는 개인의 미술 활동에서 개인의 내면을 볼 수 있다. 미술치료활동은 개인의 무의식을 의식화하는데 매우 유용하며 내면세계가 조화를 이룰 수 있도록 도와준다. 미술치료 활동이 다른 활동보다 유리하다고 하는 점은 그리는 것, 혹은 만드는 것 자체가 즐거움을 준다는 것이다. 또한 미술활동에 의한 표현은 사회적 윤리적 비난에서 벗어나게 되어 표현에 대한 안전감을 느낄 수 있기 때문이다.

또한 미술치료는 시각매체를 사용하여 아동 내면의 심상을 표현함으로써 무의식을 활성화 하고 그 속에 묻힌 창조적 기능을 자극하여 아동의 무의식에 잠자는 자가 치료 능력을 발휘하게 하며, 정체성과 상징성을 통하여 통찰과 승화를 이루면서 그 치료적 기능을 발휘한다.

미술치료는 비언어적 커뮤니케이션 기법으로 이 기법을 반복 시행함으로서 시각적 이미지가 구체화 되고 여기에 언어적 보완이 이루어지면서 지금까지의 자기상실, 왜곡, 방어, 억제 등의 상황에서 벗어나 보다 명확하게 자아인식 자기실현을 이루게 되는 심리치료의 한 분야라 할 수 있다.

1940년대부터 나움브르크(Naumburg)는 치료적 양식으로 미술표현을 도입하면서 미술치료에 선구자적인 역할을 했다. 그녀는 정신분석학적 이론과 경험에 입각하여 환자들에게 자발적인 자유연상을 하여 그림을 그리도록 고무하였다. 1950년대에 접어들면서 카머(Kammer)가 그녀의 뒤를 이어 연구를 계속하였다.

카머는 언어적 영향이 없는 미술의 창조적 과정 그 자체의 통합적 치료적 역할을 강조하는 "창조적 과정"을 중시하고 있으며 나움브르크는 치료를 강조하여 미술작품이 환자의 통찰을 강조하였다.

미술치료는 1960년대에 와서 보다 전문적인 양상을 보이기 시작하여 미국에서는 미술치료 전문지가 창간되었고 미국미술치료학회가 창립되었다. 미국은 이러한 전문 연구지와 단체를 통해서 미술치료 훈련프로그램의 제도를 마련하고 전문인 양성을 하기 시작하였다.

초기 미술치료는 로웬펠드(Lowenfeld)의 "미술치료교육"에서 언급되었고 장애자들과 함께 작업한 미술치료사들에 의해서 알려졌다.

이러한 미술치료는 프로이트의 심리성적발달이론, 에릭슨의 심리사회 발달이론, 특히 최근의 객체관련 이론, 삐아제의 인지발달 이론 등을 기초로 하였고 미술에 있어 정상 아동의 표현 발달을 연구한 여러 이론들도 포함하였다. 미술치료는 현재의 발달수준을 그 단계에서 할 수 있는 재료와 프로그램을 하면서 실패와 좌절을 방지하고 성공감과 성취감을 준다.

일본에서의 미술치료는 1984년에 일본 가족화 연구회를 창립하여 매년 학회를 개최하며 학회 행사 때 마다 외국의 유명한 인사를 초빙하여 특강을 했으며 "임상묘화연구"라는 전문지를 펴내기 시작 하면서 본격화하기 시작하였고, 우리나라의 경우의 미술치료는 정신의학 임상심리 정신간호학 분야에서 관심 있는 임상가들이 연구나 치료에 미술치료 방법을 도입하고 있으며 정신 병원이나 종합병원의 신경정신과 환자를 대상으로 한 연구가 이루어지고 한국임상예술학회를 중심으로 연구 활동이 이루어지고 있다.

최근 우리나라에서도 1992년 "한국미술치료학회"가 창립되었다. 매년 연수회와 월례 세미나를 통해 활발한 임상사례연구가 발표되고 있으며 한국미술치료학회에서 미술치료전문가 자격제도를 도입하여 전문적인 치료사를 양성 하고 있다.

2) 음악치료

소리가 있는 곳에는 음악이 있다. 음악은 인간의 탄생 역사와 같이 존재해왔다. 기원전 1500년 경에 기록된 것으로 추정되는 이집트 의학 파피루스에서 최초로 음악이 인간 신체에 미치는 영향에 대해서 언급한 것을 찾을 수 있다. 음악이 여성의 생식률에 영향을 미친다고 기록되어 있으며, 음악이 어떻게 치료적으로 사용되었는지에 대한 많은 예들이 있다.

실제로 이집트에서는 불임증, 류머티즘, 통증에 음악(소리)를 사용했다고 한다. 그들은 인간의 자연스러운 건강상태를 '조화된 균형'상태로 보고, 병은 '부조화 상태'라고 보았으며, 이러한 부조화 상태는 음악으로 고칠 수 있다고 보았다.

에피다우로스(Epidarous)에 있는 긴 역사를 가진 그리스 신전은 심신의 건강과 회복을 얻기 위해 가는 순례의 장소이며, 음악치료가 환자 치료 방법의 일부로 계획되어 있었다. 기원전 1000년경에 이스라엘의 왕 사울이 음악치료로 심한 우울증을 고쳤다는 기록에서 이것을 음악치료의 시조로 보는 견해가 지배적이다.

> "하느님이 부리신 악신이 사울에게 이를 때에 다윗이 수금을 취하여 손으로 탄 즉 사울이 상쾌하게 낫고 악신은 그에게서 떠나니라… (사무엘상 16:23)

고대에서 18세기 말까지의 음악치료

원시시대에는 인간의 질병의 근원이 영적세계와 밀접한 관계가 있다고 생각했다. 〈샤머니즘〉 고대종교의 기본적인 표상은 성직자인 인간이 신으로부터 '음악'과 '의술'을 제공받았다고 생각한다. 고대의 음악인은 종족의 의식에 음악을 제공하는 중요한 역할을 하였다. 즉, 집단의 정신이 질병치료에 큰 영향력을 미친 것이다.

바벨탑과 이집트 문명이 발달하면서 질병치료는 마법적인 것에서 종교적인 것으로 바뀌었으며, 제사장 겸 치료사는 신들의 의도를 발견, 해석하는 중재의 역할을 하였다. 그리스의 황금기에 이르러서는 건강과 질병의 근본을 해석하려는 시도가 일었다.

고대 그리스에서는 질병치료에 대해 이성적인 방법을 택하는 의사들(음악을 부속물로 이용)과 음악을 치료 목적에 적극적으로 활용하는 경우로 대조적으로 나타났다. 또한 그리스의 철학자들은 질병이 '질서의 상실'에서 기인된 것으로 보고 육체와 영혼사이의 질서를 복원하는데 중점을 두었는데, 이들은 음악을 합리적이고 논리적으로 치료에 사용하였다.

플라톤과 아리스토텔레스는 음악치료의 선구자이다. 아리스토텔리스는 "음악은 확정된 정신 상태의 모방" - 영혼과 리듬, 하모니 등의 음악 요소들은 서로 유사하다. 건강은 몸 안에 있는 여러 가지 '수분'의 균형에 의존한다. 정서적인 카타르시스에 기인한 통제할 수 없는 감정에 음악이 실용적인 가치를 갖는다.

플라톤(Platon)은 사회 환경을 조성하는 기본 요소로 음악의 중요성을 강조하여 음악 : 도덕성 → 음악과 도덕은 완전하게 조화된 사람을 창조한다. 음의 형식과 특수한 정신적 상태 사이의 관계를 설명한 피타고라스의 수의 가르침과 다몬스(Damons)의 에토스(Ethos) 가르침의 영향을 받았다. 공포증이나 불안증 환자를 위한 음악과 춤은, "음악은 인간의 감각을 즐겁게 하기 위해서 존재하는 것이 아니라, 정신의 혼란과 결함으로 가득찬 신체로 느끼는 운동을 진정시키기 위해서 존재하는 것이다." 음악의 사용이 국가에 의해 통제되어야 한다고 생각하였다.

다몬스는 에토스의 영향을 주장하며, 음악에 정신 치료적인 효능이 있다고 믿었다. 에토스(Ethos)는 '성격'·'관습'을 의미하는 옛 그리스어인데, 일반적으로 민족적·사회적인 관습을 말하며 아리스토텔레스에 의하여 이 말에 중요한 철학적 개념이 주어졌다.

인간이 가지는 가능성이나 능력은 항상 상반하는 방향을 내포하고 있으나 동일한 행위를 반복함으로써 한 방향으로만 지향하는 습관이 양성된다. 이 습관이 에토스이며 이 에토스에 의하여 영혼의 선악의 성격도 자란다. 에토스는 지속적인 특성을 가지고 있어 일시적인 특성을 가진 파토스(pathos:情意 또는 激情)와 대립된다.

에토스(Ethos) 이론에 따르면 음악에는 사람의 감정을 고양시키거나 변화를 주는 특별한 요소가 있는데, 좋은 음악을 통해 사람의 마음을 치유하고, 사람의 감정을 보다 더 고상한 것으로 이끌어 낼 수 있다는 것이 에토스 이론의 핵심이다. 음악치료나 음악교육에서 음악의 힘을 강조하는 것이 바로 이 에토스이론이다.

실제로 그리스 사람들은 여러 가지 음계들을 갖고 있었고 이 음계들은 듣는 사람에게 에토스의 영향을 준다고 생각하여 음계이용에 제한을 두었다. 아우렐리아누스(Collius Aurelianus)는 나이든 사람의 경우 노래를 들려줌으로써 치료가 이루어질 수 있고, 이는 공기의 진동에서 초래되는 진동효과가 통증을 줄여주기 때문이라고 말했다. 또한 실제로 아우구스티누스 시대에 제노크라테스(Zenocrates)와 셀시우스(Celsius)는 캄보(cambo)라는 악기를 이용하여 미친 사람들을 치료했다고 한다.

정적 감동의 카타르시스적 배설 작용은 그리스인에게는 심적 건강을 위한 중요한 일로 여겨졌으며 보통, 연극이나 음악 연주를 통해 이루어졌다. 파르다(Pardja)는 네 가지 기본적인 선법을 네 가지 체질 및 행성과 연결 시켰고, 이것이 1533년 르네상스시대에 오면서 아그리파(agrippa)가 우주의 4원소(불, 공기, 물, 땅)을 음악의 프리지안 모드, 리디안 모드, 도리안 모드, 믹소리디안 모드로 연결시켜 생각했고 성격 및 인체 내의 기관도 이에 비유했다. (점액-뇌, 담즙-비장, 혈액-심장, 황담즙-간) 이것은 실제로 당시 음악과 의학이 연결되는 공통된 영역을 제공해주었다.

음악은 전문가가 환자에게 주는 외적인 처방이 아니라, 우울한 사람이 자신의 고통스러운 특성을 진정시키고 균형을 이루려는 노력이 이루어지는 내적인 작용이다. 음악이 모든 질병을 치료할 수 없더라도 적어도 우울증적인 성격 특질에 기인하는 질병에는 긍정적인 영향을 미친다.

음악과 치료를 결부시키는 이론들은 중세에도 형성되었고, 의학이 과학적인 접근 방식으로 방향을 잡게 된 시기는 해부학이 발달한 르네상스 시대였다. 생리학에서 병리학적인 방법이 발달된 것은 18세기 경이었으며 임상의학은 19세기 초반 무렵 발달하였다.

부톤(Burton)은 우울의 해부학(The Anatomy of Melancholy)에서 음악을 이용한 치료의 사례를 많이 들고 있다. 16세기의 보에티우스(Boethius)는 음악이 도덕적 발달에 영향을 준다고 믿었다. 또한 아이들이 자장가와 공포감을 조성시키는 음악에 각각 다른 생리적 반응을 나타내는 것을 보고 음악이 생리적 반응에 영향을 준다고 생각하였다.

바로크 시대에는 18세기 중엽 정서론(the doctrine of affections)으로 이어졌다. 기질과 정서에 관한 학설을 세우는데 공헌한 커처(Kircher)에 의하면 우울한 사람들은 근엄하고 딱딱하며 화성적으로 슬픈 감정을 주는 것을 좋아하고, 다혈질의 사람들은 무도 음악을 좋아하고(피를 동요시키기 때문에), 담즙질의 사람들은 격정적인 화성들을 좋아하고(그들의 부풀은 담즙을 요동시켜줌), 또한 점액질, 즉 냉담한 성격의 사람들은 여성의 음성에 기울어진다(여성들의 높은 음역의 소리가 점액질액에 부드럽게 영향을 미치기 때문)고 믿었다.

19세기 중엽부터 현대 신경학이 발달하며 학자들은 인지 과정의 중심이 두뇌의 기능에 있다고 보았다. 크노브라크(Knoblauch, 988)는 "실음악증(amusia, 음치)"란 용어를 소개했는데 이 말은 당시 음악적 활동에 장애를 보이는 것을 가리키는 용어로 사용되었다. 감각적 실음악증은 청각장애 및 악보를 읽거나 이해하는데 어려움을 보이는 것을 지칭한다.

19, 20세기까지의 음악치료

19, 20세기에는 근대 자연 과학에 토대를 둔 의학이 발달하면서 음악이라는 도구는 의사들에게 더 이상 치료법으로 받아들여지지 않게 되었다. (정신병원 같은 곳은 제외). 음악의 효과는 객관적

요소에 국한되는 것이 아니라 주관적 요소에 의해 좌우 될 수 있는 것이므로 음악은 현대 의학의 발달에서 도외시될 수 밖에 없었다.

20세기에 들어오면서는 일반 의학의 위기와 한계가 드러나면서 정신 치료의 중요성이 부각되기 시작하였고, 1945년 이후로 새롭고 다양한 형태의 음악치료가 나타났다. 음악치료가 과학적인 근거를 가지고 많은 의사에게 탁월한 임상 분야로 받아들여진 것은 '정신 의학 분야'이다.

남북 전쟁 이후 신경학 분야에 많은 발전이 이루어지면서 뇌의 질병과 관계된 이론들이 연구되었다. 음악이 개인 혹은 그룹의 치료 활동을 활성화 시키고 강화시킨다고 보았으며 이 때부터 제공된 음악은 첫째, 기능적인 작업 치료(Functional Occupational Therapy)내에서 활용되었고, 둘째, 정신과적 치료를 보조하는 과정에서 인지적 자극제와 감정 조절제로 활용되며 인지적으로는 집중력, 자기통제 및 집중시간의 증가 등에 초점을 맞추어 제공되었고, 셋째, 신경 정신과적 치료에서 음악적 요소에 따른 교감신경계(심장, 맥박)에 반응하고 생리적 반응을 유도하는 데에 활용되었다.

3) 영화치료

영화치료란 간단히 말하면 상업적 영화를 사용하는 특별한 치료법이다. 영화치료를 지칭하는 용어는 Movie Therapy, Cinema Therapy, Film Therapy, Video Therapy, Reel Therapy 등 여러 가지이다. 최근 한국영상영화치료학회가 발족되면서 '영화치료'라는 용어가 보편화 되고 있다.

영화치료는 1990년대 말부터 본격적으로 상담에 활용되기 시작하였는데 베르그-크로스(Berg-Cross)등은 영화치료는 치료적 수단으로 개인 혹은 집단으로 환자에게 보여주기 위해 상업 영화를 선택하는 것을 포함하는 특별한 치료적 기법이라고 정의 하면서 '영화치료' 라는 용어를 처음으로 사용하였다.

영화치료는 90년대 초반부터 미국에서 간호, 사회복지, 임상 심리학의 전문가들이 집단 상담이나 부부 상담 등에 영화를 활용하는 방법을 모색하면서부터 싹트기 시작하였다. 캘리포니아 주립대 심리학과의 피쇼프(Fischoff) 교수도 '영화란 영혼에 놓는 주사'라고 표현 하였으며 환자의 심리 상태를 보다 정확하고 쉽게 파악하는 데 영화가 유용하게 활용되었다고 하였다. 국내에서 영화 치료의 태동은 2000년대 이후로 보고 있다. 일부 정신과 의사들이 상담의 보조 수단으로 영화를 이용해 온 경우는 있지만 영화치료가 학문적으로 연구되고 논문이 나온 것은 최근의 일이다.

비디오카세트가 저렴한 가격으로 각 가정에 보편화 된 90년대 후반부터 영화치료는 미국이나 유럽에서 인기를 얻었다. 영화치료 이전에는 각 사회복지단체에서는 독서치료가 많이 이루어지고 있었다. 따라서 영화치료는 독서치료의 연속선상에 새로운 소임을 맡고 있다고 하겠다. 독서치료와 함께 영화치료도 영화, 영상물이라는 시각과 청각을 동시에 활용한 감각자극 효과의 부분으로 받아들일 수 있는 새로운 예술치료법의 하나로 꾸준히 연구가 진행되고 있다. 영화치료가 예술치료분야에서 뒤늦게 관심의 대상이 되고 최근에 와서야 심리치료에서 서서히 각광을 받고 있는 것은 영화치료에서 감상과 만들기와 관련하여 카메라, 편집기, 조명기, 사운드음향기, 비디오기계와 같은 테크놀로지의 문제가 개입되기 때문이다. 영상과 관련된 첨단 기계와 비디오가 보급되고 비디오 가게가 늘어나면서 사람들은 영상자료를 쉽게 접하게 되었고 인터넷의 발달 및 디지털 카메라의 보급 등으로 영화를 촬영하고 편집하는 작업이 매우 간편해졌으며 영화를 만드는 과정 역시 간소화 되었다. 이러한 기술적인 문제 해결은 영화치료의 발전 가능성을 더욱 더 높여 줄 것으로 기대된다.

현재의 영화치료는 다른 심리예술치료가 걸어 왔던 것처럼 초창기 탄생구조를 벗어나 이제는 막 뼈대에 살을 부쳐 나가는 단계로 보아진다. 현재 국내에서도 많은 연구자들이 관심의 대상이 되고 있고 2008년 한국영상영화치료학회(KOSIC)가 창립 되면서 국내에서도 영화치료에 대한 보다 체계적이고 전문적인 연구가 활발히 진행될 예정이다.

4) 연극치료

극이 예술로서의 활동 뿐만이 아니라 응용작업으로 확대되는 최근의 추세에서 연극치료 (dramatherapy)는 연극 매체를 통해 대상자들을 치료하거나 예방하는 치료기제로 사용되고 있다.

심리극(psychodrama)

현대에 들어 예술 매체를 활용한 치료 형태는 모레노(Moreno)의 심리극의 출범을 선두로 체계화되고 분화되었다고 할만큼 그 영향력은 막대하다 하겠다. 오스트리아 비엔나 태생의 정신과 의사인 모레노는 1920년대에 '자발성의 극장'에서 심리극의 시발이자 내적 성찰의 연극을 시작하였는데, 이는 어떤 개인이 자신의 갈등 상황에 대해 단순히 말로 설명하는 대신에 그 상황을 행위로 표현함으로써 자신이 가지고 있는 문제의 심리적 차원을 탐구하여 통찰하도록 돕는 방법이었다.

미국의 정신과 의사이며 심리학자인 블래트너(Blatner)는 무엇보다도 심리극의 가장 중요한 점은 참여자의 "행동으로 표출(Acting-out)" 하려는 욕구를 "행동의 내향화 (Acting-m)" 라는 구조적 통로를 통해 통찰로 이끄는 것이라 했으며, 그로써 참여자들은 심리극적 연기를 통해 충동과 그에 관련된 환상, 추억 및 투사들이 의식화되어 명료해지고 개인의 자아 인식을 발전시키며 적절한 감정을 표현할 수 있게 된다고 하였다 즉 '행동의 내향화'를 통해 개인은 여러 측면의 인간 경험들 – 창조성, 자발성, 연극, 유머, 의식, 놀이, 신체 동작과 접촉, 환상, 음악, 비언어적 의사 소통 및 여러 확장된 역할들 – 을 접할 수 있게 된다는 것이다.

심리극의 구성 요소는 환자 혹은 자발적으로 선택되어진 주인공과 치료자인 연출자, 주인공을 돕는 보조자, 집단치료의 구성원들이나 환자 혹은 심리극에 참여하는 사람들인 관객, 행동 표현이 일어나는 장소인 무대로 대별될 수 있으며, 준비 작업(warm-up) - 행동(action) - 종결(closure)의 진행 과정을 가진다.

심리극의 무수한 기법들은 자발성과 창조성을 유도할 수 있도록 사용되는데 그 중 이중자아 기법과 역할 바꾸기 기법은 타 치료 영역에도 매우 유용한 것으로 알려져 있다. 간단히 소개하자면 이중자아(double) 기법은 보조 자아들이 주인공의 내적인 자아의 일부를 표현하는 것으로 주인공의 심리적 경험을 묘사하므로 상호관계를 자극하며, 주인공을 보호해 주며, 주인공에게 좀 더 유용한 추측과 해석을 주는 도구로서 사용된다. 역할 바꾸기(role reversal) 기법은 주인공과 상대방의 역할을 글자 그대로 바꾸어 해 봄으로써 상대방의 성격과 상황을 이해할 수 있는 감정 이입적 기술이다.

놀이치료(play therapy)

어린이가 가장 열중해서 즐기는 것은 놀이(play)이다. 놀고 있는 어린이는 모두가 하나의 독특한 세계를 만들어 내는 바 즉 자기 세계의 사물을 자기 마음에 드는 새로운 질서로 바꾸어 놓는 행동을 함으로써 어른이 하는 것과 마찬가지 행동을 한다.

이러한 놀이를 매개로 하는 놀이 치료의 사전적 의미를 살펴보면, 아동들의 정신장애나 심리치료 상에서의 놀이 활동과 재료의 사용(진흙, 물, 벽돌, 인형, 강아지, 역할 맡기, 그림 그리기, 손가락 놀이)이라 정의되어 있다.

바꾸어 말하면 놀이 치료란 성인들이 그 자신의 고민을 털어놓아 억압된 감정을 해소시킴으로써 돌파구를 찾게 되는 치료 과정과 마찬가지로, 아동들이 놀이를 통해 자연스럽게 자아를 표현하며 치료자와의 인간관계에서 도용을 얻어 아동 스스로 자기의 문제를 풀어 나갈 수 있는 통찰력을 제공하는 치료 방법이라 할 수 있다.

놀이 치료의 대표적 학자들은 오스트리아의 안나 프로이드(Anna Freud)와 독일과 영국을 중심으로 활동한 멜라니 클라인(Melanie Klein) 등으로, 그들은 주로 아동의 정서 치료에 놀이 치료와 역할 이론 등을 활용하는데, 안나 프로이드가 놀이 치료를 아동들의 저항을 감소시키는 방법으로 사용한 반면 클라인은 모든 창작 활동이 대상물로서 치료의 역할을 한다고 가정하고 놀이에 관한 활동을 아동의 정신분석을 위한 방법으로 실시함으로써 견해의 차이를 보여 주고 있다.

연극치료가 그러하듯이 놀이 치료 또한 언어보다는 행동에의 관계에 중점을 두고 있으며, 아동이 그의 감정과 문제를 소진할 수 있도록 아동의 정서적 삶과 환상을 비추어 주는 역할을 여러 가지 놀이 기법을 통해 맡고 있다. 따라서 아동의 삶과 환상 양자를 투영할 수 있는 극적 놀이를 사용한 놀이 치료는 아동들의 자아실현과 적절한 감정 표현에 효과적일뿐더러, 어린 시절의 성장 과정에 문제가 있는 성인들의 정신 치료에까지 광범위하게 적용되는 것이다 놀이 치료는 언어를 사용할 수 없는 유아라 할지라도 그 개인적 성장과 발달 수준에 따라 적절한 방법을 찾을 수 있으며, 특히 유아기를 벗어난 아동들에게 있어 극적 놀이는 일상적인 세계에서 창의적인 상상의 세계로 이동할 때 용이하며 또한 안전감을 느끼도록 하는 것에 그 중요성이 있다.

게슈탈트 치료(Gestalt Therapy)

독일의 정신과 의사 프리츠 펄스(Fritz Perls)에 의해 창안된 심리치료인 게슈탈트 치료는 독일어로 '전체', '형태', '모습'의 뜻을 지닌 'Gestalt'라는 개념을 치료의 영역에 확장하여 사용하고 있다.

여기서 게슈탈트란 '개체에 의해 지각된 자신의 행동 동기', 즉 개체가 자신의 유기적 욕구나 감정을 하나의 의미 있는 행동 동기로 조직화하여 지각한 것을 의미하는 것으로, 예컨대 어머니가 아이를 안아보고 싶은 것, 음악을 들으며 커피를 들으며 한 잔 마시고 싶은 것 혹은 사람들과 친하게 지내고 싶은 것 등등 우리의 크고 작은 모든 행동들은 모두 우리의 게슈탈트라는 것으로 풀이될 수 있다고 한다.

이러한 개념의 게슈탈트 치료는 사람들의 심리적 갈등을 '여기 그리고 지금(here and now)'의 상황에서 인간 대 인간의 만남(face-to-face confrontation)이라는 극적 기법을 사용하여 파악하려 한다.

따라서 게슈탈트 치료의 목적은 개체와 환경과의 만남에서의 체험 확장과 장애 상태에 있는 개체가 소외된 인격의 부분을 다시 접촉하고 체험함으로써 인격적 통합을 이루는 것이 되며, 대상자의 자립 능력을 일깨워 주고 그 능력을 회복하도록 도와줌과 동시에 이런 상황에 대해 능동적으로 반응할 수 있는 능력인 책임 자각과 성장 그리고 실천적 삶을 사는 조화로운 인간을 만들고자 하는 것이다.

이와 같은 이론적 바탕에서 게슈탈트 치료는 연극 기법을 사용하는데, 가장 보편적인 것은 구성원들로 하여금 네 명 혹은 다섯 명이 한 조가 되어 어떤 주제를 정하고 그것을 연극으로 만들어 시연해 보도록 하는 방법이다.

예를 들면 가족 갈등이나 직장에서의 갈등, 혹은 친구간의 갈등 상황을 주제로 즉흥극을 만들 수 있는데, 이러한 연극적 기법은 참여자들과 관객들의 흥미를 불러 일으키고 활발한 상호작용을 가능케 함으로써 참여자들이 그 상황을 스스로 자각함과 동시에 극중 인물과 동일시함으로써 발생하는 대리 만족, 즉 카타르시스를 경험하게 된다는 것이다.

즉 연극을 치료 매체로 활용하고 있는 다른 분야들처럼 게슈탈트 치료 역시 대상자들의 직접적 참여와 행동화를 북돋움으로써 자기 인식과 정서적 효과를 촉발시키고자 하는 것이다.

극치료(Theatrotherapy)와 치료연극(Therapeutic theatre)

정신과 전문의 블레트너는 극치료 (Theatrotherapy)를 정신질환자의 치유를 통한 하나의 방법으로 연극의 대본을 연습하고 상연하는 것이라 소개하고 있는데, 그 첫번째 시도는 드 사드가 정신병원이자 감옥으로 사용되던 수용소에서 환자와 죄수들을 위한 대본을 쓰고 연극 공연을 함으로써 극한 상황에 처해 있던 그들에게 치유와 해방감을 주는 작업으로 간주되고 있다.

이와 같이 극치료는 정신병원에서 환자들이 연극 작품을 상연하기 위해 거치는 일련의 활동들, 즉 대본 선정, 역할 연기, 공연 등의 과정 등을 통해 환자들의 정서 순화와 자신감과 적극성을 유도

함으로써 치유에 도움이 되긴 했지만, 연극 매체를 활용하는 연극치료(Dramatherapy) 처럼 치료적 효과를 계획하는 단계엔 미치지 못하였다

이에 러시아의 심리학자이며 의사인 니콜라이비치는 극치료의 발전된 형태인 치료연극(Therapeutic theatre)을 선보이게 된다.

극적 놀이의 재현적 본성과 참여성이 인간의 삶에 미치는 영향에 관한 그의 관심은 환자들의 병력과 증상에 따라 적합한 대본을 작성하게끔 만들었다.

이후 보다 더 발전된 치료연극에서는 환자들이 직접 쓴 대본을 바탕으로 역할 놀이와 즉흥적 연기를 보이게 되었으며, 더불어 환자들에게 배우들의 연기 훈련법(호흡 훈련, 감성 훈련, 발성과 동작 연습)을 실행함으로써 환자들의 내적인 갈등과 외적인 행동의 변화를 일으키는 극의 치유적 기능을 암시하기에 이른다.

앞에서 열거한 것 외에도 보조적 역할이나 혹은 기법이나 방법론으로 극을 활용하고 있지 않는 심리치료 분야는 없다고 할 정도로, 극적 매체의 가치와 그 효용성은 무한하지만 보다 자세한 연구는 후일로 미루고자 한다.

4. 의료인문학

1970년대 의학 교육에 인문학의 이념을 처음 도입한 사람은 미국의 의사이고 의료 인문학자이며 의철학자인 페레그리노(Edmund D. Pellegrino)이지만, '의료인문학'(medical humanities)

이란 용어를 처음 사용한 사람은 1976년 호주의 외과 의사 무어(Anthony R. Moore)이다. 그는 논문에서 "수업에서 의사직(doctorship)을 처음 다루게 되었을 때, 문학작품에서 발췌한 내용을 이용하여 문화적이고 철학적이며 인간적인 관점에서 이 문제를 검토하고자 하였다. 가장 핵심적인 학습 목표는 학생들이 자유롭게 토론하여 자신의 견해를 밝힐 수 있도록 하는데 두었다. 그 밖의 수업 목표는 의사직과 관련된 문제들을 토론하고 문학이나 사회사 그리고 철학에 담겨진 의학적 소재를 발굴하며, 환자 돌봄에 대한 감수성을 높이면서, 인문학적 사고와 글쓰기 능력을 키우는데 두었다. 그리고 이 수업이 학생들에게 좋은 의사이면서 교양있는 시민이 되는데 도움이 되기를 기대하였다"고 말하였다.

인문학 교육이 의학에 미치는 영향은 크게 두 가지로 생각할 수 있다. 만약 인문학 교육이 구체적인 지식의 축적보다 인문학적 지혜의 배양에 목표를 둔다면, 이는 인문학 교육의 내재적 가치, 즉 인문학의 비도구적 역할을 인정하는 것이다. 의예과에서 인문학 교육이 지향하는 교양 교육, 전인 교육 혹은 인성 교육은 바로 이런 역할에 근거한 것이다. 반대로 인문학의 도구적 역할을 인정하면, 인문학은 임상능력을 진작시키는 도구 역할을 할 수 있다는 주장에 이르게 된다. 문학작품이나 영화에 그려진 환자는 환자와 의사에게 있어서 질병 경험이 갖는 의미를 이해하는데 유익하고, 환자에 대한 감수성을 키울 수 있어 임상에서 의사와 환자의 관계를 이해하는데 도움을 줄 수 있다는 것이다.

의료인문학은 의학과 관련이 있는 개별 인문학, 즉 문학 · 역사학 · 철학과 윤리학 · 예술 · 사회학 등을 포괄하는 다학문적인 분야로 시작하였지만, 최근에는 개별 인문학의 영역을 유기적으로 연결하는 학제간 분야를 의미하게 되었다. 의료인문학은 역사가 아직 짧고 학자들 역시 자신의 학문적 배경에 따라 의료인문학을 달리 설명하기 때문에 의료인문학에 대한 정의는 아직 제대로 내려지지 않고 있다.

영국의 의료인문학 협회는 의료인문학이란 의료의 인간적인 측면 그리고 환자와 의사 관계를 포함하여 환자와 의사가 겪는 의료경험을 의료 · 교육 그리고 연구의 측면에서 학제간으로 탐구하는 학문이라고 정의하였다. 학제간 접근 주제로서 관심을 끄는 예로는 질환과 질병, 고통, 몸, 건강, 죽음과 죽어감, 의사됨 등을 들 수 있다. 이러한 주제는 생물학적 사실일 뿐만아니라 심리적, 문화적, 사회적 혹은 철학적인 의미를 함께 지니고 있기 때문이다. 후커(Clarie Hooker)는 의료인문학을 '의료의 비기술적인 분야 즉 인간적인 분야를 포괄하여 연구하고 실천하는 학문'이라고 정의하였다. 주목하여야 할 것은 모두 의료인문학을 이론의 학문이자 교육 혹은 실천의 학문으로 규정하고 있다는 점이다.

의료인문학은 인간적인 의사 혹은 배려가 깊고 환자와 마음이 통하는 의사의 양성을 교육 목표로 삼고 있다. 인간적인 의사란 환자를 깊이 이해할 뿐만 아니라 개성이나 가치관의 차이를 인정하고, 윤리적인 문제를 해결할 수 있으며, 의료경험이나 지식을 비판할 수 있는 의사를 말한다. 다른 말로 바꾸면 인도적인 의사란 문학 혹은 예술을 통하여 환자에 대한 정서적 감수성과 공감의 능력을, 의료윤리학과 전문직업성 교육을 통하여 윤리적 판단력을, 의사학과 의철학을 통하여 의료에 대한 비판적 성찰의 능력을 갖춘 의사라고 할 수 있다.

의료인문학 교육은 생의학 교육의 영역을 침범하지 않고 추가적인 방식으로 교육된다는 점이 특징이다. 이는 인체나 질병을 생의학적으로 이해하려는 기존 의학의 틀은 그대로 둔 채, 의료인문학을 수용하여 의학의 단점을 보완하려는 본래의 취지 때문이다. 질병을 질병 그 자체로서가 아니라 환자와 함께 이해한다는 사실은 질병의 생물학적인 의미뿐만 아니라 심리사회적인 의미도 이해한다는 것을 의미한다. 이런 면에서 의료인문학 교육은 생의학적 질병모델을 극복하고, 생물심리사회 질병 모델을 자연스럽게 받아들이는데 적합하다.

의료인문학은 이론의 학문일 뿐만 아니라 실천을 전제로 하는 학문이다. 교육 내용과 방법만큼 교육의 결과를 평가할 수 있는 유용한 방법을 찾는 것도 중요하다. 태도와 행동을 확실히 변화시키기 위해서는 의료인문학을 정서적이고 인지적인 방법으로 교육시키고, 나아가 역할 모델을 설정하며, 의사소통 기술 교육과 연계시키는 것이 필요하다.

5. 인문치료

인류는 과학기술이 발전함에 따라서 어느 정도 질병으로 인한 고통에서 벗어날 수 있게 되었고 그러한 의미에서 물질적 풍요와 건강을 보장받는 사회에 살고 있다. 그러나 물질 문명이 고도로 발달하고 사회 구조와 삶의 양식이 복잡해지고 있는 현대 사회에서 그로 인한 부작용이 날이 갈수록 심해지고 있다. 인간성 상실, 잘못된 신념, 전도된 가치관에서 비롯된 범죄, 폭력, 살인이 세계 도처에서 발생하고 있으며, 그러한 환경 속에서 사람들은 정신적으로 많은 고통을 안고 살아가고 있다. 특히 20세기 아시아를 비롯하여 세계를 석권한 세계화의 물결은 인간에 대한 비속화와 현대화에 대한 경도된 이해로 인해 인류의 생존의의마저 부정하고 있다. 또한 다국적 자본과 각종 세속권력들이 서로를 이용하며 이들 지역 사람들을 마음대로 조종하고 있다. 이러한 준엄한 현실에 직면하여 세계화의 흐름이 획정한 시야 바깥에서, 인간을 새롭게 이해하고 인간적인 생활을 체험하고 상상하며, 인간의 생존의의를 탐구하고 확인하여 개인과 사회의 발전 목표를 다시 새롭게 확립해 나가는 것. 이것은 바로 앞으로 새로운 세기 동안 반드시 답해 나가지 않으면 안 되는 가장 절박한 문제이다.

인간다운 삶을 살아가기 위해서 우리는 물질적 풍요 속에서 비단 신체적 건강에 만족하는 것이 아니라 정신적 안녕과 사회적 안녕을 확보해야 할 것이다. 근대 이래로 잠시 활성화되지 못했던 인문학의 치유 기능을 이제 다시 되살릴 필요가 큰 것이다. 인문학의 치유적 활용과 이에 관한 이론적 연구가 필요한 첫째 이유가 바로 여기에 있다. 한편 앞에서 언급한 여러 치료들은 대부분 독자적으로 이루어지지 않고 통합적으로 이루어지고 있다. 예컨대 문학치료를 할 때도 심리치료·철학치료·음악치료·미술치료·영상치료의 기법과 자료가 함께 활용되고 있다. 그래서 이런 통합적인 치료의 현황에 부응하여 이런 치료들을 포괄하는 학문적 개념을 새롭게 정립할 필요성이 커졌다. 인문치료와 인문치료학이 필요하게 된 둘째 이유가 바로 여기에 있다. 다면적인 인간의 정신건강을 유지하고 회복시키기 위해서도 인문학을 중심으로 인간 마음의 문제들을 치유하는 통합적인 이론과 방법을 개발하는 것이 중요하기 때문이다.

인문치료는 문학·역사·철학·언어·예술 등의 학문적 통섭을 모색하는 새로운 학문체제이며, 인문학 각 분야 및 연계 학문들의 내용과 기능을 학제적으로 새롭게 통합하여 현재 우리 국가·사회적 문제, 개인의 정신적·정서적 문제, 개인과 사회, 개인과 개인의 문제들을 치유하고 예방하는 학문이다. 인문치료는 기존의 심리치료가 좀 더 근원적으로 반성해 보지 못한 사회문제, 가치문제, 개인과 사회의 문제에 대해 논쟁점과 갈등점을 찾아내고 거기에 대해서 해답을 찾아가도록 도와주고 개인과 사회와의 소통 역할을 적극적으로 수행하는 것이다. 이러한 작업은 기존의 심리치료에 대한 예방적 기능도 할 수 있으며, 동시에 미진한 부분에 대한 보완적 기능도 할 수 있을 것이다.

정신치료나 심리치료는 개인의 문제에 관심을 두고 개인 상담이나 집단 상담을 통하여 치료적인 행위들이 이루어지고 있으나 인문치료는 개인의 문제에 관심을 두고 있을 뿐만 아니라 그러한 개인의 문제가 형성되게 된 배경에 대해서도 관심을 가지고 접근하고 있다. 그러기 위해서는 사회 나아가 국가에 의해서 야기되어진 문제의 배경에 대해서까지도 다루어야 하고 이러한 부분이 인문치료가 필요한 이유인 것이다.

인문치료학은 문자 그대로 전 세계적으로 신생학문이다. 학(學)으로서의 인문치료, 즉 인문치료학을 성립하기 위해서는 많은 요소들이 구비되어야 할 것이다. 어느 학문이든 그것이 연구하려는 대상이 있고 그 대상을 연구하는 방법이 있게 마련이다. 인문치료학처럼 신생 학문이 목적을 달성하려면 무에서 유를 창출하는 어려움을 겪게 될 것이다. 더구나 인문치료학은 기존의 학문 분야처럼 분과적인 연구 분야가 아니라 인문학의 여러 분야들이 공동으로 참여하는 학제적 분야이기 때문에 어떤 다른 신생 학문보다도 더 힘든 여정이 기다리고 있다.

참고문헌

강신익, 「한국인의 몸을 통해 본 동 · 서의학」, 『醫史學』 제13권 제2호(통권 제25호), 2004년 12월.

강신익, 『과학철학: 흐름과 쟁점 그리고 확장』, 창비, 2011.

강신익, 『생명, 인가의 경계를 묻다』, 웅진씨크빅, 2008.

강신익, 『몸의 역사 몸의 문화』, 휴머니스트, 2007.

강신익, 『몸의 역사: 의학은 몸을 어떻게 바라보았나』, 살림출판사, 2007.

강원대학교 인문과학연구소 엮음, 『인문치료』, 강원대학교 출판부, 2009.

강원대학교 인문과학연구소 엮음, 『인문치료학의 모색』, 강원대학교출판부, 2009.

강원대학교 인문과학연구소 엮음, 『인문치료와 철학』, 강원대학교 출판부, 2010.

강원대학교 인문과학연구소 엮음, 강신익 외 지음, 『치료를 논하다』, 도서출판 산책, 2011.

강원대학교 인문과학연구소 엮음, 『인문치료의 이론과 원리』, 도서출판 산책, 2011.

강은주, 「글쓰기치료에 관한 이론적 고찰 」, 『총신대논총』 25, 2005.

공자 지음, 김형찬 옮김, 『논어』, 홍익출판사, 2011.

권상옥, 「의료 인문학의 성격과 전망」, 『의철학연구』 5, 2008.

금장태, 『유학사상의 이해』, 한국학술정보, 2007.

김교빈 · 박석준 외, 『동양철학과 한의학』, 아카넷, 2003.

김규열 · 배병철 편저, 『한의학개론』, 성보사, 2010.

김균태, 「심리치유 관점에서 본 전통축제」, 『문학치료연구』, 18집, 2011.

김낙필, 「도교의 양생사상」, 『계간 과학사상』, 2000 겨울.

김남일, 「『東醫寶鑑』의 몸 인식에 대한 일고찰」, 『인문학연구』 18호, 2010.

김선현 · 전세일, 「색채요법과 미술치료」, 『임상미술치료학연구』, 2008.
김용수, 「'웰빙'(Wellbeing)과 도교 '양생'(道教 養生)」, 『동서사상』 제1집, 2006.
김정현, 『니체, 생명과 치유의 철학』, 책세상, 2006.
김정현, 「니체의 역사치료학」, 『汎韓哲學』 35, 2004.
김정현, 「니체의 건강철학: 병과 건강, 치료의 개념을 중심으로」, 『니체연구』 7, 2005.
김정현, 「니체와 텍스트 해석, 그리고 철학치료」, 『汎韓哲學』 44, 2007.
나지영, 「문학치료 이론 연구의 현황과 전망」, 『문학치료연구』 제10집, 2009.
남경태, 『누구나 한번쯤 철학을 생각한다』, 휴머니스트, 2012.
박기석, 「문학치료학 연구 서설」, 『문학치료연구』 제1집, 2004.
박홍순, 『사유와 매혹 1』, 서해문집. 2011.
반덕진, 『히포크라테스 의학과 황제내경 의학의 건강사상에 관한 비교연구』, 서울대 박사논문, 2004.
배병철, 『국역 황제내경』, 성보사, 2000.
서울대학교 철학사상연구소 엮음, 『마음과 철학 서양편 상 · 하』, 2012.
성호준, 「『東醫寶鑑』 성립의 儒學的 배경」, 『韓國醫史學會誌』 14-2, 2001.
예병일, 『의학사 여행』, 효형, 2009.
오재근 · 김용진, 「'건강(health)'에 대한 한의학적 고찰」, 『의철학연구』 5, 2008.
유성선, 「마음치료를 통한 철학치료 모색」, 『인문치료와 철학』, 강원대학교 출판부, 2010.
이광래 · 김선희 · 이기원, 『마음, 철학으로 치료한다』, 知와사랑, 2011.
이연도, 「동양수양론의 현대적 활용 가능성 모색」, 『중국학보』 제59집, 2009.
이연도, 「유학과 철학치료 - 『孟子』를 중심으로」, 『동서철학연구』 제49집, 2008.

이재담, 『간추린 의학의 역사』, 광연재, 2005.
이종찬, 『동아시아 의학의 전통과 근대』, 문학과 지성사, 2004.
이현숙, 「질병, 치료, 종교 : 한국 고대 불교의학」, 『한국사상과 문화』 제48집, 2009.
임헌규, 「유가의 인성론과 심성론」, 『동방학』 5, 1999.
장연집 등, 『정신건강』, 서울: 파란마음, 2008.
장진영, 「불교의 마음치유」, 『동양사회사상』 제26집, 2012.
전창선, 「韓國學의 中和構造 연구」, 성균관대학교 석사논문, 2003.
조남호, 「성리학과 한의학」, 김교빈 · 박석준 외, 『동양철학과 한의학』, 아카넷, 2003.
조수동, 「임상철학으로서의 불교」, 『철학논총』, 제43집 제1권, 2006.
최종덕, 『인문학, 어떻게 공부할 것인가』, 휴머니스트, 2003.
한자경, 『명상의 철학적 기초』, 이화여대 출판부, 2008.
허정, 「健康概念의 變遷」, 『韓國學校保健學會誌』 제2권 제2호, 1989.
허정, 「인도의학과 티베트의 전통의학」, 『계간 과학사상』, 2001(겨울).
황상익, 『재미있는 의학의 역사』, 동지, 1991.
황상익, 『역사와 사회속의 의학』, 명경, 1996.
『한국민족문화대백과사전』(한국학중앙연구원)

가노우 요시미츠 지음, 동의과학연구소 옮김, 『몸으로 본 중국 사상』, 소나무, 2007.
데이비드 프롤리 · 수바슈 라나데 지음, 황지현 옮김, 『자연의학 아유르베다』, 창원: 슈리 크리슈나다사 아쉬람, 2003.
로이 포터 편, 여인석 옮김, 『의학: 놀라운 치유의 역사』, 네모북스, 2010.
베르너 바르텐스 지음, 유영미 옮김, 『몸의 행복』, 사피엔스21, 2011.
스털링 P. 램프레히트 지음, 金泰吉 · 尹明老 · 崔明官 옮김, 『서양철학사』, 을유문화사, 1992.
아커크네히트 저, 허주 역, 『世界醫學의 歷史』, 지식산업사, 1987.

앤소니 케니 저, 이영주 역, 『서양철학사』, 東文選, 2003.
임은 지음 · 문재곤 옮김, 『한의학과 유교문화의 만남』, 예문서원, 1999.
자크 르 고프, 장 샤를 수르니아 편, 장석훈 옮김, 『고통받는 몸의 역사』, 지호, 2000.
제임스 밀러 지음, 박중서 옮김, 『성찰하는 삶』, 현암사, 2012.
조지 M. 포스터, 바바라 G. 앤더슨 지음, 구본인 옮김, 『의료인류학』, 한울, 1994.
파울 U. 운슐트 지음, 홍세영 옮김, 『의학이란 무엇인가』, 궁리, 2010.

金勇 · 郭力平, 「心理健康觀的歷史演進」, 『心理科學』 1998-5.
佐斌, 「中國傳統文化中的心理健康觀」, 『教育研究與實驗』, 1994-1.
周萍, 董彦皓, 「析中國傳統心理治療之特色」, 『湖南師範大學教育科學學報』, 2003-3.
李磊, 「論『黄帝内徑』身體觀特徵及淵源」, 『中醫藥理論研究』, 2011-4.
李磊, 「論『黄帝内徑』身體觀范式」, 『中醫藥理論研究』, 2010-12.
董云波, 陳中永, 「中國古代心理健康思想初探」, 『內蒙古師範大學學報』, 2010-2.
謝華, 「儒道與醫道」, 『學術論壇』, 1995-3.
李兆健 · 王慶其, 「古代中醫心理治療醫案評析」, 『中醫文獻雜誌』, 2007-1.

찾 / 아 / 보 / 기

ㅇ

ㅈ

인문학의 치유 역사

저　자 : 엄찬호, 최병욱

펴낸이 : 신승호(辛承昊)

펴낸곳 : 강원대학교 출판부

200-701 춘천시 강원대학길1(효자2동 192-1)

☎ (033) 250-7171 / FAX 259-5716

등　록 : 춘천시 제28호

발행일 : 2013년 5 월 22 일 초판

ISBN 978-89-7157-333-4　　　정가 12,000원